El Yoga de los Sueños
y la
Práctica de la Luz Natural

El Yoga de los Sueños y la Práctica de la Luz Natural

Namkhai Norbu Rimpoché

Editado por Michael Katz

Traducido del inglés por Xavi Alongina

Ediciones Dharma

Título original:
Dream Yoga and the Practice of Natural Light

Por acuerdo con Snow Lion Publications
Ithaca, New York 14851 USA

© Ediciones Dharma,
Elías Abad, 3 bajos
03660 Novelda (Alicante)
www.edicionesdharma.com
dharma@edicionesdharma.com

© Primera edición. 1997
© Segunda edición aumentada. 2002

Diseño de la portada: Dharma

ISBN: 978-84-86615-53-6
Depósito Legal: A-145-1997

Impreso por AGUADO Impresores • NOVELDA
Impreso en España. *Printed in Spain*

Índice

Prefacio del editor

Ya ha transcurrido casi una década desde la publicación de la primera edición de este libro, *El Yoga de los Sueños y la Práctica de la Luz Natural*. Recientemente Chögyal Namkhai Norbu propuso que mejorásemos la versión original añadiendo material de un libro sobre dsogchen muy profundo y personal que él ha estado escribiendo durante los últimos años. Es un gran honor y un reto editar este material, puesto que estas instrucciones fundamentales del nuevo manuscrito nunca han visto la luz.

El material que pertenece a *El Yoga de los Sueños y la Práctica de la Luz Natural* ha sido extraído del manuscrito de Chögyal Namkhai Norbu y traducido por James Valby del original tibetano y expande y profundiza los ejercicios específicos para desarrollar la atención durante los sueños y los estadios del dormir de la primera edición. En el manuscrito, Chögyal Namkhai Norbu ha incluido métodos específicos para adiestrar, transformar, disolver, desordenar, estabilizar, esencializar, sostener, y dar la vuelta a los sueños. Además, ha presentado instrucciones para mantener la práctica durante todos los momentos del día y de la noche. Esta revisión también incluye una práctica para desarrollar el cuerpo ilusorio, prácticas profundas de la luz clara para desarrollar la contemplación y métodos para transferir la conciencia a la hora de la muerte. La versión original de *El Yoga de los Sueños y la Práctica de la Luz Natural* está disponible en más de diez idiomas. En los últimos años, cientos de miles de personas han leído este libro y han sido inspiradas por los ejemplos y el entusiasmo de Chögyal Namkhai Norbu. Muchos han entendido el mensaje de Rimpoché sobre la importancia de utilizar el tiempo que dedicamos a dormir y a soñar para propósitos transpersonales o espirituales. Aquellos que leáis este libro por primera vez, sin duda os sentiréis inspirados, ya que en esta segunda edición se incluye material nuevo y muy profundo.

Teniendo en cuenta que las tendencias habituales hacia la ignorancia se han acrecentado durante innumerables vidas, cuántos de nosotros, después de revisar este texto al cabo de los años, veremos el paso de los años en un espejo pero no tendremos mucha consciencia de nuestros sueños. Tanto si has leído este libro como si no, es muy probable que tú, al igual que yo, hayas sido inconsciente de tus sueños en la mayor parte de los últimos tres años.

Tal vez, para ti, igual que para mí, la última década ha tenido acontecimientos importantes. Mientras mi pequeño hijo duerme, miro su apacible rostro y me doy cuenta de cómo sus párpados se mueven. Mi corazón se llena de amor y de un deseo, de proporcionarle seguridad, y me pregunto si los sueños que está teniendo no son de una vida anterior. Irónicamente, estos sentimientos, y su presencia me hacen sentirme mucho más cerca de los bardos que están relacionados con la transición que solemos llamar muerte.

Según los maestros, el progreso en las prácticas del yoga de los sueños y las prácticas de la luz natural del dsogchen nos permitirán realizar una forma de iluminación al hacernos lúcidos y conscientes durante los momentos del dormir. Por otra parte, una sostenida ignorancia en el estado del dormir y del soñar sólo nos garantizará un renacimiento continuado en uno de los reinos del samsara.

Uno de los mensajes más importantes de *El Yoga de los Sueños y la Práctica de la Luz Natural* es la diferenciación entre la consciencia del dsogchen que se conoce como *rigpa* que surge de la práctica de la luz natural, y la más relativa pero todavía importante experiencia de lucidez.

La experiencia de la lucidez que puede surgir como un producto secundario de la consciencia *rigpa* o espontáneamente debido a causas kármicas nos asiste en comprender la poca realidad del fenómeno, que de otra forma, durante el sueño o la experiencia de la muerte puede ser tremendamente poderosa. De la misma forma, nos creemos que una pesadilla es real pero si estuviésemos contemplando una escena similar en una película no tendríamos necesariamente miedo.

Los grandes yoguis que han dominado la consciencia meditativa del dsogchen son capaces de liberarse a sí mismos y dirigirse hacia la gran luz clara en el momento de la muerte. Los practicantes que como mínimo han desarrollado la capacidad para tener ocasionalmente sueños lúcidos pueden todavía reconocer las apariciones que surgen durante el *sidpai bardo* como siendo ilusorias. Se dice que a la hora de la muerte, cuando todavía el cuerpo mental está ligado al cuerpo físico, todas las experiencias son aumentadas siete veces. En esos momentos, según nuestros maestros, todavía existe la posibilidad de conseguir una forma de liberación.

Incluso unas pocas experiencias de lucidez o, todavía mejor, ser capaz de percibir el estado del sueño como una oportunidad para practicar meditación, pueden ofrecernos una gran oportunidad. Alternativamente, estos que no consiguen reconocer la naturaleza ilusoria o las visiones alucinatorias, que son aparentemente inducidas por el karma y generan oleadas de deseos y miedos, renacen en una de las formas dentro de la existencia cíclica.

Uno debe sentirse inspirado por las prácticas avanzadas que se describen en este libro. Aunque el progreso no siempre sea rápido, es esencial que todos vosotros os fijéis en vuestra capacidad y continuéis avanzando. Esto puede suponer un esfuerzo para recordar un sueño por primera vez o, a nivel más avanzado, transformar los sueños. Existen logros mucho más valiosos disponibles para todos aquellos que se decidan por la práctica del trabajo durante los sueños a cualquier nivel que éste sea.

En mi práctica como psicólogo he tenido la oportunidad de viajar y dirigir cursos sobre sueños durante los últimos años. Estos talleres tienen objetivos relativos, a menudo asociados con los objetivos de la psicoterapia occidental tales como la comprensión del subconsciente y la integración de aquello que se encuentra disperso. Además, estos talleres han sido una ayuda para mi experiencia en el desarrollo de la lucidez en los sueños.

Ocasionalmente, cuando se me ha solicitado, he tenido que declinar el transmitir la práctica de la luz natural. Esta práctica está ligada con la transmisión del dsogchen y sólo un maestro como Chögyal Namkhai Norbu tiene la capacidad para introducir ese estado de consciencia no conceptual extraordinaria. Espero que, si no habéis sido introducidos a ella, podáis encontraros y recibir la transmisión del dsogchen directamente de él.

El Buda mostró que cada ser posee la capacidad de reconocer *rigpa*. Nuestros oscurecimientos anulan esa consciencia que según una metáfora, continuamente brilla como el sol escondido detrás de las nubes. Con la práctica, se puede tener acceso a *rigpa* en cualquier momento, incluso en los distintos estadios del dormir y del soñar. Nunca es destruida.

Se utilizan cientos de metáforas para explicar nuestra falta de relación con *rigpa*. Una de mis historias favoritas es acerca de un pobre campesino que no poseía nada y que continuamente se quejaba de su destino. Debido a su extrema pobreza, era forzado a utilizar una piedra como almohada. La ironía de esta historia es que la piedra que usaba como almohada era un diamante. Aquí el diamante representa *rigpa*.

Quiero ofrecer una anécdota más personal en relación a esto. Hace algunos años, tuve la oportunidad de conducir un retiro para interrumpir mi ajetreada rutina y enfocar mi vida interior. En esta ocasión había hecho preparativos para conducir un "retiro en oscuridad" según las instrucciones de Chögyal Namkhai Norbu. Contrariamente a las expectativas el retiro oscuro ofrece un medio ambiente seguro y tranquilo para practicar meditación sin ninguna luz externa.

El retiro en la oscuridad, a causa de reducir las distracciones al mínimo, proporciona una oportunidad natural para practicar el yoga de los sueños y la práctica de la luz natural. Al principio de lo que iba a ser un retiro de veintidós días tuve un sueño. En este sueño me encontraba en una playa cerca de la orilla. Un bebé de cristal era arrastrado hacia dentro y hacia fuera por las olas. Aunque tuve pocas esperanzas de que el bebé estuviera vivo debido a su prolongada exposición a las olas y al océano, sin embargo corrí hacia la orilla y lo saqué del agua. Tan pronto como lo tuve en mis brazos, el bebé de cristal se llenó de vida. Su belleza y singularidad me golpearon al instante.

Este sueño nos dice mucho sobre nuestra difícil situación y su solución. Distraídos por las cien mil cosas del mundo, nuestra consciencia cristal o *rigpa* es temporalmente oscurecida por las olas de las emociones violentas. A pesar de esto, nunca es destruida, y con atención puede cobrar vida.

A menudo hace falta algún tipo de sobresalto para agitar nuestra complacencia y nuestras tendencias habituales. De la misma manera que ver un bebé siendo arrastrado por las olas violentas inmediatamente nos haría entrar en acción, *El Yoga de los Sueños y la Práctica de la Luz Natural* es un recuerdo para despertar.

Michael Katz
New York City 2001

Reconocimientos

El editor quiere agradecer y recordar a los grandes maestros de Dsogchen, Dudjom Rimpoché, Dilgo Khyentse Rimpoché, Tulku Urgyen Rimpoché, Nyoshul Kyen Rimpoché, y Lama Gompo Tseden Rimpoché que han abandonado sus cuerpos y regresado al dharmakaya. ¡Ojalá su trabajo y aspiraciones sean colmadas!

El editor quería dar las gracias en especial a las siguientes personas por su asistencia en la terminación de este proyecto.

Al venerable Khenpo Palden Rimpoché, por su asistencia en la traducción del texto de Mipham *El Buda al alcance de la palma de tu mano*. Kyen Rimpoché es un maestro de meditación y reconocido profesor de la escuela Ñingmapa de budismo tibetano. Aportó invalorable sentido al significado del texto y en muchas ocasiones dedicó mucho tiempo de su apretada agenda para completar la traducción.

A Khenpo Tsewong Donygal por su asistencia en la traducción del texto de Mipham. Khenpo Tsewong, erudito, poeta, y amigo, que durante muchos años ha compartido sus profundos conocimientos y percepciones sobre los sueños con el editor.

Lopon Tenzin Namdak por sus consejos y comentarios a la información contenida en la introducción. Un maestro de meditación y guía de la escuela *bön* del darma tibetano, Lopon Tenzin Namdak se ha dedicado sin descanso a preservar la cultura y los tesoros espirituales de los *bönpos* tibetanos.

A Adriano Clemente por su asistencia editorial.

A James Valby por su ayuda en la traducción de material del libro personal de Chögyal Namkhai Norbu para esta segunda edición.

A los editores de Snow Lion, Christi Cox, Jeff Cox y Thomas Spiegelberg por su invalorable ayuda editorial y por sus consejos.

A John Myrdhin Reynolds por sus sesudas contribuciones a las notas y por su investigación en la biografía de Chögyal Namkhai Norbu. John es editor y traductor del texto de Chögyal Namkhai Norbu *The Cycle of Day and Night*, así como la prestigiosa traducción del *The Tibetan Book of Great Liberation.*

A Deborah Lockwood por su colaboración en la traducción del texto de Mipham mencionado anteriormente.

A Susanna Green por su asistencia valiosa en la investigación del proyecto.

A Ester Lokos por su inagotadora energía en la preparación del manuscrito.

A los representantes de la comunidad dsogchen Lauri Denyer y Jo Shane por sus valiosos consejos.

Además, también nos gustaría dar la gracias a los siguientes amigos por su ayuda: Tsultrim Allione, Jill Baroff, Laura Baum, Mykl Castro, Cyril Christo, Stephanie Forest, Jan Green, Sherri Handlin, Sarah K. Huber, Oliver Leick, Sandy Litchfield, Maureen O´Brien, Leeana Pedron, John Shane, Gerry Steinberg, Marianna Swolo, y los miembros de la comunidad dsogchen que en un principio participaron en la traducción y en la preparación de los manuscritos.

Introducción del editor

En una oscura noche de 1950, corrí desde mi cama y me acurruqué en la puerta de la habitación de mis padres asustado y todavía medio dormido. Tendría unos cinco años de edad y la viva imagen de una pesadilla seguía clara en mi mente. Era casi real: una serpiente se deslizaba sobre mi cama y las palabras tranquilizadoras de mis padres de que era un simple sueño apenas fueron un consuelo.

Éste es uno de mis recuerdos más tempranos sobre mis sueños. Fue un sueño que se repetía una y otra vez a lo largo de mi infancia, adolescencia e incluso, ocasionalmente, ahora que me acerco a la mitad de mi vida. ¿Qué es un sueño?, ¿existe una relación de especial significado entre el sueño de las serpientes y la repetitividad del mismo?, ¿puede ser que las serpientes sean mensajeras del inconsciente, o prematuras perturbaciones sexuales de un niño, o comunicaciones de otra clase de seres llamados por los tibetanos *nagas*? Quizá el sueño pueda ser sólo entendido en el contexto de la vida de quien lo viva, y por tanto tener un significado personal específico.

Materia arquetípica, ansias y preocupaciones personales, predicciones del futuro, comunicación con seres de otras dimensiones; de acuerdo con los entendidos, son diferentes posibilidades dentro de lo que es la interpretación de los sueños. Sin embargo, dicha afirmación debe ser matizada diciendo que sólo unas pocas personas pueden alcanzar cierto nivel en la experimentación de los sueños. Para casi todos, soñar es simplemente una recomposición de las impresiones del día, dentro del contexto de los deseos, los miedos y la personalidad de la persona.

En los años cincuenta, a pesar de la existencia de unos pocos filósofos y pensadores contemporáneos, para quienes los sueños tenían un renovado interés, gran parte de americanos, yo incluido, contemplábamos los sueños con poca atención, sin darles apenas significado alguno. Esta situación cambió pronto con la llegada de los años sesenta. De la crucial crisis tanto colectiva como personal, resultado de los dramas de la década, y paralelamente con la popularidad del yoga y la variedad de formas de meditación, los sueños comenzaron a cobrar importancia en la cultura en general y también en mí.

Mis recuerdos de los sueños, desde cuando era niño hasta cuando empecé la Universidad, se me presentan muy borrosos. Las vivas imágenes y los claros recuerdos de mi infancia se difuminaron en pequeñas imágenes apagadas e incluso en la ausencia total de recuerdos. Pero en 1978, mi experiencia y entendimiento sobre la condición de los sueños cambió radicalmente. Viajé a Francia para estudiar con un lama tibetano de renombre, Dudyom Rimpoché. De los muchos temas que él enseñó uno era "el yoga de los sueños". Habló sobre la necesidad de desarrollar una claridad de consciencia incluso en los sueños. Comparó el estado del dormir de la mayoría de las personas con la manera inconsciente de dormir que tienen los animales. Rimpoché lamentaba que se despreciara dicha oportunidad tan preciosa para el desarrollo de uno mismo. Me marché de la carpa en donde se impartían las enseñanzas sintiéndome algo extraño. Todo lo que vi y oí parecía como un sueño, sin duda debido a la poderosa transmisión del gran lama. Esta percepción poco familiar duró todo el día y hasta bien entrada la noche, cuando me disponía a dormir. Opté por seguir las instrucciones de Rimpoché para desarrollar la consciencia en el sueño, así que invoqué su ayuda.

Me dormí pero pronto me hice consciente de que estaba durmiendo. Permanecí tumbado en un estado de consciencia luminosa. Fue mi primera experiencia del yoga de los sueños y de la luz natural de la mente.

Debido a las propias oscuridades de mi mente, no pude hacer un gran progreso en la práctica del yoga de los sueños, y en la práctica de la luz natural. De hecho, de no ser por la experiencia que había tenido, probablemente hubiese relegado todo el tema a los logros del mundo del yoga, fuera del alcance de la gente corriente. Unos años después, en el vigésimo primer día de un retiro en solitario, tuve otra experiencia del yoga de los sueños muy transformadora y apasionante. Después de dos semanas, las experiencias de mi retiro habían profundizado considerablemente. Cada noche seguía las instrucciones de Dudyom Rimpoché para desarrollar la capacidad del yoga de los sueños. La intensa práctica de meditación se prolongó hasta diez horas al día, y mi mente se hizo cada vez más fuerte. Me quedé fascinado de ser capaz de recordar hasta ocho sueños por noche.

Fue en esa noche en particular cuando tuve repentinamente la comprensión de que dormía y a la vez era consciente de que estaba soñando. En el instante de la comprensión, los colores del paisaje del sueño eran muy vivos e intensos. Me encontraba de pie, al borde de un precipicio, observando el paisaje de un valle hermosísimo. Me sentía relajado y al mismo tiempo asustado, y recordé que sólo era un sueño.

Observé la visión del valle por poco tiempo, ya que decidí ir más allá todavía, literal y realmente. Si realmente era un sueño no tendría por que haber ningún impedimento para que pudiera volar libremente. Me lancé al espacio, pero en vez de volar, el sueño se transformó otra vez. Yo seguía lúcido, siendo consciente de que ahora estaba en una escalera. Mi cuerpo ya no estaba en el sueño pero yo seguía subiendo la misma escalera. Había subido un peldaño y cuando me disponía a subir otro, el sueño cambió de nuevo. Esta vez todo estaba oscuro sin ninguna imagen y resistí al impulso de abrir los ojos. Para ser sincero me sentí totalmente indeciso de lo que debía hacer, sin embargo deseaba que la imagen volviera, cuando de repente volví a encontrarme en la escalera. Esta reaparición de la escalera duró un momento y entonces me desperté.

Toda la experiencia había sido fascinante; todavía la considero como una de las experiencias más significativas de mi vida. El lama, quién supervisó mi retiro, la comparó al hecho de haber pasado un examen de conducir. Después de esto he llegado a tener muchas otras experiencias lúcidas con los sueños. Puedo decir que esto no me sucede cada noche, pero sí con regularidad. La frecuencia se incrementa dependiendo de las veces que practico meditación de manera intensiva, como por ejemplo cuando estoy de retiro; además, si me despierto a media noche y medito, frecuentemente tengo sueños lúcidos cuando me vuelvo a dormir.

Con el paso del tiempo también he ido teniendo sueños de naturaleza psíquica. Por ejemplo, estando de retiro, una vez soñé con mi novia. A pesar de que no me encontraba en un estado completo de lucidez, la rememorización del sueño fue clara. La imagen de mi novia apareció; tenía un aspecto luminoso y radiante y al mismo tiempo sollozaba.

Tenía intención de ir a recogerla al día siguiente a una estación de tren al norte del estado de Nueva York. Para probar mi experiencia del sueño, justo cuando me encontré con ella le dije que sentía muchísimo de que se hubiese sentido indispuesta la noche anterior. Su mirada de sorpresa me confirmó instantáneamente que el sueño había sido exacto. Me dijo que se había encontrado mal y que además había llorado amargamente.

Como he mencionado, parecía claro que estas experiencias se incrementaban cuando tenía la oportunidad de practicar meditación y las instrucciones del yoga de los sueños de manera intensiva. Fue durante ese período cuando acompañé a Chögyal Namkhai Norbu para impartir un seminario en Washington, D.C. Namkhai había estado viajando con una de sus antiguas alumnas que estaba gravemente enferma. En uno de mis sueños, iba con Chögyal Namkhai Norbu que estaba muy preocupado por la crisis de salud de su alumna, y le dije: "Rimpoché, está muriendo". Rimpoché contestó: "No, la he tratado y se está recuperando". Al día siguiente las buenas noticias eran que estaba mejorando, y aún más increíble era el hecho de que Chögyal Namkhai Norbu sabía de nuestra conversación en mi sueño, antes de que le dijera nada sobre ello. Posteriormente tuve otros sueños donde Chögyal Namkhai Norbu me hablaba, y ocasionalmente le contestaba y le decía algo inteligente. Chögyal Namkhai Norbu tenía mucho interés por mis experiencias, y a veces me preguntaba si había tenido algún sueño interesante, y si me acordaba con dificultad, él me decía, "debes intentarlo, tienes que ser capaz de recordarlo".

No hace mucho, hice una visita a la casa donde mis padres han vivido toda su vida. Me instalé en la misma habitación donde solía dormir cuando era chico y al dormirme, tuve un sueño donde aparecía una serpiente en mi cama. En lugar de asustarme, parecía que quisiera acariciarla como a un animal doméstico. A pesar de no estar lúcido, podía acordarme de que me estaba preguntando qué hacer con esa serpiente amigable pero que nadie había invitado. Ya despierto, pensé sobre el sueño y su significado detenidamente; quizás me sentía más cómodo con algo que en su día me infundía miedo. Entonces me acordé de un comentario de Rimpoché que decía que con una buena claridad los sueños son como una conferencia de las Naciones Unidas. ¿Podría ser que la serpiente soñada fuera un "delegado"? Según Chögyal Namkhai Norbu, existen muchas clases de seres con los cuales es posible comunicarse dentro de los sueños.

Se han desarrollado innumerables teorías para explicar ese conjunto de experiencias compartidas que llamamos sueños. A pesar de que algunas de estas teorías difieran radicalmente sobre el origen y significado de los sueños, coinciden en que muchos sueños son misteriosos, poderosos y creativos.

Los sueños ocupan un lugar central en muchas sociedades. En diferentes culturas la importancia del sueño se daba por supuesta, y la habilidad de recordar o incluso conscientemente alterar un sueño era algo que se recomendaba. Los sueños han tenido su lugar de una manera prominente –y a veces han sido su centro– en religiones, han asistido en la caza, inspirado patrones sagrados para los oficios y las artes, como también sirvieron de guía en tiempos de guerra, crisis y enfermedad. La persona que tenía un "gran sueño" era a menudo considerada como un sacerdote o sacerdotisa, un título ganado por tener la virtud de haber sido bendecido por los dioses.

Los antiguos egipcios y otras civilizaciones interpretaron sistemáticamente los sueños con el propósito de descifrar mensajes procedentes de los dioses. Los sacerdotes egipcios conocidos como los "maestros de las cosas sagradas" se consideraban como intermediarios. Con el avance de la escritura, el conocimiento sobre la interpretación de los sueños quedó plasmado. Un libro antiguo sobre la interpretación de los sueños, escrito en Egipto unos dos mil años antes de Cristo, está contenido en un papiro actualmente conocido como el *Chester Beatty*.

En muchas culturas, quienes se preparan para recibir un sueño importante o curativo, participan en rituales muy elaborados. Estos rituales, muy corrientes en la antigüedad, están especialmente bien documentados entre las tribus de nativos americanos al igual que en Asia, y en la antigua Babilonia, Grecia y Roma. Las ceremonias de invocación o "incubación" contenían rituales guiados por iniciados entrenados, que frecuentemente se llevaban a cabo en templos especiales construidos en importantes y bellísimos lugares sagrados.

Después de realizar ofrendas a los dioses o un sacrificio para la purificación, quien buscaba el sueño, en ocasiones, bebía pociones para acrecentar la experiencia. Dependiendo de las culturas, los ingredientes de estas pócimas incluían una variedad de drogas psicotrópicas[1]. Los lugares sagrados eran a menudo seleccionados a través de la ciencia esotérica de la geomancia o a través de la revelación psíquica de un sacerdote. El emplazamiento de estos templos era particularmente importante para los antiguos griegos porque se creía, por ejemplo, que algunas de sus divinidades[2] residían en localidades especiales.

Todas las características de los templos se diseñaban para movilizar y ensalzar los trabajos de la mente inconsciente así como los espíritus. Por ejemplo, en Grecia el culto al Dios del Oráculo de Esculapio[3] estaba simbolizado por una serpiente, y los buscadores de sueños en ocasiones dormían en sitios donde las serpientes se movían libremente. Después de elaborados rituales, Esculapio frecuentemente se aparecía como un hombre barbudo o como un animal, y en muchos casos la persona se despertaba curada. En el auge de su popularidad estos centros de Esculapio para la incubación de los sueños, llegó al centenar.

Ejemplos del proceso de curación a través de rituales como el anteriormente mencionado, se practican extensamente en culturas chamánicas contemporáneas[4]. Por ejemplo, Richard Grossinger, autor de numerosos libros sobre la etnografía del sueño cita fuentes de los nativos americanos entre los que se encuentran tribus como "El Cuervo", "Pie Negro", "Kwakiutl" y "Winnebago", donde se recuentan los sueños en el que un animal o un pájaro, como la serpiente o el somorgujo hacen aparición y enseñan tratamientos que, aplicados en el "mundo de la vigilia", parecen tener poderes curativos.

Los sueños además han sido causa de importantes avances científicos. Posiblemente el avance más conocido procede de un sueño –el descubrimiento de la estructura molecular de la bencina realizado por Kekule–. Su testimonio es el siguiente:

> "Mi mente se encontraba en otra parte..., giré la silla hacia el fuego de la chimenea y caí medio dormido. Otra vez los átomos revoloteaban enfrente de mis ojos. Esta vez, grupos más pequeños quedaban en un segundo plano. El ojo de mi mente ya acostumbrado a las visiones repetitivas del mismo tipo, ahora distinguía formaciones más largas con formas diversas. Largas cadenas..., todo en movimiento, curvándose y girando como serpientes. ¡Y mira lo que aparece!, una serpiente mordiéndose su propia cola, girando burlonamente ante mis ojos. Me desperté como si me hubiese alcanzado un rayo, esta vez me pasé el resto de la noche trabajando en sus consecuencias".

El químico ruso Mendelev descubrió la tabla periódica de clasificación de los elementos según su peso atómico, mientras soñaba. Elías Howe acabó su invento de la máquina de coser también mientras soñaba. La teoría de la relatividad de Albert Einstein le llegó parcialmente en un sueño. Otras creaciones inspiradas en los sueños incluyen piezas maestras de la literatura como *La Divina Comedia* de Dante, *Candide* de Voltaire, *El Cuervo* de Poe y *Ulises* de James Joyce. Robert Louis Stevenson fue capaz de inventar historias mientras soñaba, que posteriormente escribió y publicó. Incluso composiciones de música popular realizadas por Billy Joel y Paul McCartney han sido inspiradas en sueños.

No obstante, a nivel global nuestra sociedad ha perdido contacto con el arte de soñar. Recientemente, sin embargo, un interés popular en el poder creativo de los sueños ha resurgido a partir de un número creciente de disciplinas, incluyendo la ciencia, la psicología profunda occidental y el aumento en el interés por las culturas nativas y la religión.

La ciencia y el fenómeno de los sueños

Actualmente el estudio del fenómeno de los sueños ha seguido a los descubrimientos de 1952 de Kleitman y sus seguidores que afirman que el soñar es acompañado por movimientos rápidos del ojo (R.E.M.). Otros hechos sobre el sueño han surgido a través de experimentos recientes. Por ejemplo, sabemos que todas las personas sueñan, y que aproximadamente en el veinticinco por ciento del tiempo que dormimos soñamos. Los sueños son cruciales para la salud mental, soñar es una actividad del hemisferio cerebral derecho y casi todos los sueños están acompañados por (R.E.M.). El dormir tiene cuatro niveles de profundidad, pero sólo soñamos durante el primer nivel. Además, sabemos que pasamos a través de los cuatro niveles del dormir varias veces en una noche normal, y como consecuencia, por lo general, soñamos muchas veces cada noche. Se ha observado que si a una persona se le priva del tiempo de soñar, lo acumulará para noches posteriores. A medida que nos acercamos al amanecer un gran porcentaje del tiempo que dormimos se pasa soñando.

Centrémonos en el fenómeno de los sueños lúcidos, aquellos sueños fuera de lo común en los cuales la persona se encuentra de repente consciente, despierto o lúcido mientras está soñando. Aunque los informes sobre sueños lúcidos han existido en la literatura durante miles de años frecuentemente han sido descartados, pero hoy ya han sido científicamente verificados. Por ejemplo, Aristóteles hizo el siguiente comentario: "...a menudo cuando uno duerme existe algo en la consciencia que declara que lo que se presenta no es más que un sueño[5]."

A principios del siglo XX un psiquiatra danés con el nombre de Van Eeden estudió este fenómeno de forma sistemática y acuñó el término "sueño lúcido" para describirlo. Antes que él, el Marqués d'Hervey de Saint Denys había investigado el fenómeno de los sueños y publicado sus descubrimientos en 1867 en el libro *Dreams and How to Guide Them*. En este libro, Saint Denys describe su habilidad para despertarse dentro de los sueños y cómo dirigirlos.

Stephen LaBerge, un investigador moderno de la fenomenología de los sueños, desarrolló una metodología que utiliza los movimientos rápidos del ojo que acompañan al sueño, para poder practicar la lucidez[6]. En uno de sus estudios, varias personas escuchaban una grabadora que repetía la frase "esto es un sueño" cada pocos segundos. La grabadora se ponía en marcha después del comienzo de cada periodo de (R.E.M.). Entonces LaBerge preguntaba a las personas que reconocieran su lucidez con una señal a través del movimiento de sus ojos de una forma preestablecida. Aproximadamente el veinte por ciento de las personas que tomaron parte en el experimento fueron capaces de alcanzar lucidez mientras soñaban a través de dicha técnica. Recientemente LaBerge ha inventado un instrumento llamado la "luz del sueño", que se utiliza colocándose en la cara como si fuera una máscara y que detecta los movimientos rápidos del ojo que están asociados a la acción de soñar. Los movimientos rápidos del ojo disparan una luz roja de baja intensidad, que indica que la persona está soñando.

El siguiente testimonio de un participante en un seminario sobre el reconocimiento de los sueños, sirve para ilustrar el fenómeno de estar despierto o lúcido dentro de un sueño:

> "En la mañana del miércoles 13 de enero de 1988, llegué a ser consciente de que estaba soñando, y decidí que lo mejor que podía hacer era volar en el cielo. Me subí en un *jet* y volamos muy alto hasta que alcanzamos la estratosfera. Entonces invertí el avión de manera que podía colgarme y ver el mundo. Miré hacia abajo y vi la tierra como una gran esfera. En ese momento me dejé caer y extendí mis brazos ampliamente para planear mejor. Me mantuve a gran altura para poder contemplar la inmensidad y belleza del vasto océano visto desde arriba.
>
> Después de un corto periodo planeé y descendí lentamente, encontrándome sobre una isla preciosa. La vista de la isla hacía que me sintiera muy bien. Era por la mañana, temprano, una ligera luz se dejaba ver entre los mástiles de los muchos yates amarrados en el puerto. Más allá de los altos mástiles y las cubiertas blancas, había colinas sembradas de casas. Era una vista espléndida y majestuosa, los yates y las montañas a la primera luz suave de la mañana. Era la reminiscencia de una combinación de dos lugares en los que había estado. En Paxos, Grecia, hay

muchos yates anclados en el puerto y en Marin City, California, hay casas construidas en las colinas. Seguí apreciando esa vista antes de entrar en un tipo de sueño más general en donde no controlaba la vista o no podía determinar lo que me hubiese gustado hacer".

Este testimonio es típico de los sueños lúcidos ya que éstos frecuentemente incluyen la acción de volar. En algunas ocasiones la persona, primero es consciente de que está volando, y entonces repentinamente llega a la claridad. En otras ocasiones llega a la claridad y entonces trata de volar. Otra característica común es la intensidad en que los colores y las emociones aparecen y el sentido de participar en una experiencia magnífica.

No todos los sueños lúcidos, sin embargo, son tan expansivos. Kenneth Kelzer, autor y experto en sueños lúcidos, comenta que se pueden tener sueños repetitivos como, por ejemplo, estar en una cárcel y que éstos caracterizan series de sueños lúcidos que él tuvo: "El símbolo de una celda en estos sueños me hicieron recordar algo esencial, que todavía soy un prisionero trabajando para alcanzar la plenitud de libertad mental a la cual aspiro[7]".

Sueños y psicología profunda

En el siglo pasado, tuvo lugar una desenfrenada expansión de la tecnología a un alto costo. Por razones complejas, esto ayudó a producir las grandes guerras mundiales. La amplia destrucción y la pérdida de vidas llevó a cuestionar los valores –especialmente aquellos de naturaleza religiosa y moral–. Contra el espectro del apocalipsis, la desesperación de que nada tiene significado, y la decadencia perceptible en las ceremonias religiosas occidentales, los pensadores contemporáneos trataron de entender los trabajos de la psique estudiando fenómenos menos conscientes como la fantasía y los sueños, desarrollando así los principios de la psicología profunda. Fomentar el conocimiento de los procesos del inconsciente fue asumido como algo importante para sanar el alma confundida y desgastada.

Sigmund Freud, el fundador de la psicología moderna occidental, llamó al sueño "el camino real del inconsciente," y ayudó a volver a despertar el interés en los sueños. La obra fundamental de Freud, *La Interpretación de los Sueños*, representó un alejamiento radical de la anterior teoría contemporánea de la psiquiatría occidental. Freud afirmó que los sueños son representaciones simbólicas de deseos reprimidos, muchos de los cuales son sexuales. A través del proceso del "deseo satisfecho" la persona soltaba la "excitación" del impulso. Él pensó que el sueño estaba típicamente organizado de manera simbólica porque esos deseos o impulsos eran inaceptables.

Dándose cuenta de que un simple sueño puede representar una enorme cantidad de material personal, Freud estableció que cada carácter o elemento del sueño era un símbolo condensado. El laberinto de los significados de esos símbolos podría ser descifrado a través de un proceso de libre asociación. Las técnicas para identificar todas las asociaciones de un sueño continúan siendo ampliamente utilizadas por analistas contemporáneos. Menos reconocidas son las afirmaciones de Freud sobre la existencia de telepatía dentro del sueño. Esto fue publicado en sus charlas sobre psicoanálisis de 1916[8].

Carl Jung fue probablemente el primer psicólogo occidental en interesarse por el budismo[9] y por la religión oriental. Jung, que fue un estudiante muy cercano a Freud, se alejó más tarde de las teorías de su maestro. Jung explicó que no podía aceptar las teorías de Freud que se centraban en el excesivo énfasis de que todas las represiones tienen una raíz sexual, y tampoco sus cerradas perspectivas antirreligiosas. Jung consideró a la líbido como una energía psíquica universal, mientras que para Freud era simplemente energía sexual[10].

Jung además postuló la existencia de una profunda y extensa memoria cultural, accesible a través de sueños poderosos. Nombró a esa memoria el "inconsciente colectivo" y la consideró como un depósito rico y poderoso de la memoria colectiva de la raza humana.

Jung afirmó que los sueños generalmente compensan el desequilibrio de la persona en su vida de vigilia y hacen que lo inconsciente se vuelva consciente. Él observó que los individuos funcionan con ciertos estilos característicos, por ejemplo con sentimientos o con intelecto y de una manera extrovertida o introvertida. Si una persona fuera básicamente intelectual y sus sentimientos fueran en gran medida reprimidos o inconscientes, entonces los sentimientos más fuertes se manifestarían con más frecuencia en sus sueños. El tipo sentimental, al contrario, tendría sueños intelectuales para compensar la actitud consciente dominante.

Fritz Perls, fundador de la escuela Gestalt de psicología, proclamó que los sueños son como el "camino real a la integración". Para Perls, soñar y el reconocimiento de los sueños son aspectos esenciales para llegar a una estabilidad y dominar todas las partes de la propia personalidad. Él basó su trabajo sobre los sueños en la suposición de que todas las facetas de un sueño pueden ser percibidas como proyecciones de partes o aspectos de la persona. La contribución de Perls en su estudio sobre los sueños y su terapia, fue su sutil apreciación de que el funcionamiento neurótico, es causado por no dominar alguna parte de nuestra personalidad. Él sugiere que dejamos de poseernos o alienarnos de nosotros mismos proyectándonos o reprimiéndonos. Puede que reclamemos estos desconocidos aspectos de nuestras personalidades a través de la actuación o dramatización de algunas partes de un sueño. Por este proceso reconocemos mejor nuestras propias actitudes, miedos y deseos, permitiendo que nuestro proceso de individualización y maduración no quede estancado.

El siguiente ejemplo, muestra el estilo de la terapia de Gestalt e ilustrará la técnica de Perls en la investigación de los sueños: Una mujer describe su sueño en donde un pequeño frasco de aerosol era uno de los muchos objetos de su tocador. La mujer fue interpretando los diferentes objetos, y cuando llegó al aerosol, declaró, "Me encuentro bajo mucha presión. Siento que estoy a punto de explotar". La interpretación de este sueño nos informa con claridad y rapidez que en la vida de la mujer existe un problema sin resolver.

Otra escuela de psicología contemporánea que respeta la experiencia de los sueños, la representa Medard Boss. Boss considera al sueño como una realidad que debería ser entendida como un episodio autobiográfico. En el proceso de comprender nuestros sueños, Boss alentaría al soñador a experimentar y a vivir dentro de ese momento único.

No todos los psicólogos reconocen el gran potencial de utilización de los sueños. Por ejemplo, en la escuela fenomenológica iniciada por Bross y Keny, los sueños son considerados como constituyendo una "manera de ver el mundo oscura y restringida", y además son "privativos, deficientes, y cerrados comparándolos con el estado de vigilia". La escuela de las relaciones entre objetos expuesta por Fairbairin considera los sueños como fenómenos esquizoides, calderas de ansiedad, deseos y actitudes.

Ciertas corrientes científicas actuales han ido más allá negando un principio básico organizado que diera sentido a los sueños. J. Allen Hobson de la Escuela de Medicina de Harvard propuso en su libro *The Dreaming Brain* "un generador de los sueños" localizado en el centro del cerebro. Cuando el generador está conectado, acelera las neuronas en secuencias, y entonces el cerebro intenta comprender esas señales débiles tratando de organizarlas dentro de la historia de los sueños. Otros científicos han propuesto explicaciones mecanicistas similares. Crick y Mitchison sugieren que los sueños ocurren para no aprender información inútil. Las conexiones que no son importantes y que son temporalmente almacenadas son descargadas y por tanto olvidadas.

Teorías alternativas como la de Carl Sagan y otros, intentan explicar los actos más creativos y famosos que surgen en los sueños, proponen que dichos sueños han sido producidos por la inhibición de la actividad del hemisferio cerebral derecho. De acuerdo con esta teoría el hemisferio cerebral izquierdo, que es usualmente el dominante durante el día, queda suprimido durante los sueños. Consecuentemente, el hemisferio cerebral derecho está menos inhibido y puede llegar a ser espectacularmente intuitivo y creativo. Esta teoría podría explicar por ejemplo, el descubrimiento de la molécula de bencina de Kekule, como muestra de la habilidad de reconocer patrones del hemisferio cerebral derecho, en contraste con la actividad más analítica del hemisferio cerebral izquierdo. Esta teoría, aunque interesante, no toma en consideración a todos los tipos de sueños telepáticos y creativos.

John Grant, un especialista en la investigación de los sueños, recientemente puso considerable esfuerzo para explicar la telepatía en el sueño. Su conclusión, procurando separarse del sensacionalismo, fue que sólo el noventa y cinco por ciento de la telepatía en los sueños y los sueños premonitorios, pueden ser explicables de acuerdo con la ciencia y las leyes conocidas. Su subjetiva estadística y su incapacidad de explicar el otro cinco por ciento de los sueños poco comunes, que anticipan situaciones del futuro, encaja bien con la teoría sobre los sueños de Norbu Rimpoché. Esta teoría reconoce tanto los sueños que se originan en nuestros deseos y ansias como los sueños creativos de claridad que tienen su origen en las experiencias conscientes.

Muchas explicaciones analíticas y científicas todavía mantienen que todos los sueños son meramente caóticos o simbólicos y están reunidos en una caldera de ansiedades, deseos y actitudes. Consecuentemente, investigadores occidentales contemporáneos de los sueños no reconocen o entienden generalmente las posibilidades de trabajar en los sueños asumidas en las sociedades más tradicionales. Mientras que la psicología profunda occidental investiga los sueños como una manera de acercarse a una salud mental individual, su comprensión de las posibilidades de trabajar en los sueños, a pesar de que está mejorando, todavía es limitada. El abanico de otras posibilidades y la necesidad de determinar prioridades, aparece cuando exploramos los sistemas de utilización de los sueños desarrollados en otras culturas.

La observación de los sueños en las culturas tradicionales

Desde hace milenios se han empleado sistemas para la utilización de los sueños y el conocimiento de los mismos en el budismo, taoísmo, hinduismo, sufismo, y culturas tradicionales de todo el mundo[11]. Estos sistemas de investigación de los sueños estuvieron y a menudo todavía están rodeados del secreto y están reservados sólo al iniciado.

Las experiencias de sueños recogidas de las culturas tradicionales, que todavía se mantienen relativamente intactas, pueden ayudar a expandir nuestro entendimiento de las posibilidades de la utilización de los sueños y la sabiduría de los mismos, incluyendo el fenómeno de la lucidez, la telepatía, y los sueños premonitorios.

Los aborígenes australianos creen en la existencia de seres ancestrales que son más poderosos que la mayoría de los humanos, y tienen formas físicas no humanas como rocas, árboles o formaciones del terreno. De acuerdo con los autores de un libro sobre la cultura aborigen australiana, titulado *Dreaming, the Art of Aboriginal Australia*, editado por Peter Sutton, la dimensión espiritual en la cual esos seres tienen su existencia, es descrito como el "tiempo del sueño". Los ancestros conocidos como "sueños", pueden ser conectados a través de los sueños, sin embargo no están considerados como el producto de los mismos. Esto apoya las creencias aborígenes sobre la multiplicidad de tipos de seres y las dimensiones alternativas en las que residen otras clases de seres.

Es importante subrayar las creencias aborígenes sobre textos, arte y canciones que aparecen en los sueños. Una nueva canción, historia, diseño, u otro producto creativo recibido en un sueño, es considerado por los aborígenes como la reproducción de una creación original otorgada por un ancestro. Estos regalos artísticos están considerados como otorgados y no son tenidos como creaciones originales. Dentro de la tribu quien recibe un sueño es venerado como el conducto a través del cual se recibe la sabiduría de los ancestros, no como originador de esta sabiduría. De acuerdo con los mitos y archivos sobre los sueños de los aborígenes actuales, innumerables productos artísticos se han revelado en sueños desde tiempos inmemoriables y continúan enriqueciendo hoy las culturas aborígenes.

Los *senoi*, procedentes de lo que hoy es Malasia, dejaron documentación suficiente de un pueblo tradicional que dio un alto valor a la creatividad en la utilización de los sueños. Patricia Garfield, en su libro *Creative Dreaming*, presenta técnicas del soñar atribuidas a los senoi por el antropólogo Kilton Stewart. De acuerdo con Stewart, los *senoi* dirigían una inusual atención en la investigación de los sueños y desarrollaron métodos sofisticados para influir y obtener inspiración creadora de los sueños –por medio de técnicas para reforzar los sueños, la autosugestión y la discusión diaria de los sueños–. Garfield resumió los principales objetivos de los *senoi* para el trabajo de los sueños así: "enfrentarse y superar el peligro dentro del sueño, aceptar y moverse hacia experiencias agradables dentro del sueño, y hacer que el sueño culmine de una manera creativa o positiva". Los efectos integradores de este trabajo pueden ser la causa de una menor frecuencia de desequilibrios mentales. Sin embargo, investigadores posteriores no ratificaron la afirmación de Stewart de que la sociedad *senoi* se acercó a un ideal utópico[12].

Presumiblemente los *senoi* tenían una fuerte motivación para desarrollar un control de los sueños debido al gran reconocimiento que la tribu establecía para estas habilidades. Investigadores contemporáneos indican que la habilidad de inclinar los sueños hacia un resultado positivo, parece tener efectos como el aumento de la confianza en uno mismo y la creatividad.

El potencial creativo de los sueños es incuestionablemente valorado en la cultura tibetana tradicional. En el budismo tibetano hay una clase de sueños llamados *milam gyi terdzöd* o "sueños tesoro". Estos tesoros son enseñanzas que están consideradas como las creaciones de seres iluminados. Estas enseñanzas fueron escondidas o almacenadas con el propósito de beneficiar a las generaciones futuras. Como demostración de su sabiduría, los creadores de estos tesoros a menudo profetizaban el nombre de su descubridor y el tiempo en que sería descubierto.

Los sistemas budistas y *bönpo*[13] para la práctica del conocimiento de los sueños parecen tener miles de años de antigüedad, de acuerdo con Chögyal Namkhai Norbu y Lopon Tensin Namdak[14]. En la entrevista presentada en este libro, Rimpoché comenta que la práctica sobre la comprensión de los sueños, fue explicada extensamente en el antiquísimo texto *Mahamaya Tantra*, cuyo autor es desconocido. Kempo Palden Sherab, un famoso estudioso budista, coincide en que los tantras son inconcebiblemente antiguos. Según Kempo, muchos milenios antes de que el histórico Buda Shakiamuni viviera, los tantras fueron mostrados por los budas de eras pasadas para seres tanto humanos como no humanos.

Consideremos por ejemplo, la experiencia extraordinaria que Chögyal Namkhai Norbu tuvo en un sueño mientras se encontraba de retiro, en Massachusetts en el verano de 1990. Noche tras noche una mujer quien Rimpoché consideraba ser una dakini[15], se le aparecía en su sueño y le mostraba una serie de danzas complejas, con pasos intrincados para treinta y seis danzarines. Cada día Rimpoché transcribía las lecciones de los sueños de la noche anterior. Además mostró a un grupo de estudiantes partes de esa danza a la cual acompaña una canción especial para profundizar en la meditación. La canción en sí, la había recibido años antes en otro sueño. Habiendo escuchado descripciones de estos sueños y participado en esa exquisita danza, sólo puedo decir que la experiencia de Rimpoché es tan profunda que va más allá de las palabras.

Poco después del retiro, Rimpoché fue visitado por una profesora nativa americana a la que se la conoce por el nombre de Thunder. Ella es la descendiente de un largo linaje de sanadores y curanderos nativos. Después de oír explicaciones sobre la danza de Rimpoché y viendo las fotos que hicimos cuando intentamos reproducirla, ella recalcó la similitud con la Danza del Espíritu de los nativos americanos.

Las siguiente serie de sueños relatados por Norbu Rimpoché, pueden servir para ilustrar el potencial humano, dentro del estado del sueño a medida que se desarrolla la comprensión:

> En 1959, ya había huido de Tíbet hacia Sikkim. La situación en Tíbet estaba deteriorándose con rapidez. A medida que nos llegaban las noticias de las matanzas y la destrucción, más me preocupaba por los miembros de mi familia que permanecían en Tíbet. Muchos de nosotros orábamos a Tara pidiendo su ayuda. Fue durante este período que tuve el siguiente sueño:
>
> Estaba caminando por una zona montañosa. Recuerdo los preciosos árboles y flores. Cerca de la carretera por donde caminaba había animales salvajes, pero se mostraban pacíficos y amables conmigo. Era consciente de que estaba de camino al templo de Tara localizado en una montaña cercana. Llegué a un lugar cerca del templo, donde había un pequeño campo con muchos árboles y flores rojas. También había una joven de unos once o doce años de edad.
>
> Cuando la joven me vio, inmediatamente me dio una flor roja, y me preguntó a dónde iba. Le contesté "voy al templo de Tara para rezar por Tíbet". Entonces ella me dijo: "no es necesario ir al templo, simplemente pronuncia esta oración". A continuación me repitió varias veces una oración que empezaba así, "Om Jet-

summa..." Empecé a pronunciar esa oración, repitiéndola mientras sostenía la flor. Repetí la oración una y otra vez hasta que de hecho me desperté prácticamente gritando la oración.

Algunos años más tarde tuve un sueño relacionado con el anteriormente relatado. En éste, de nuevo me encontraba en el campo que marcaba la llegada al templo de Tara. Era el mismo campo que en el sueño anterior, pero la joven no estaba allí. Miré hacia adelante, y ví el templo frente a mí, en la cima de una montaña. Continué andando hasta que llegué. Era un templo sencillo, no estaba elegantemente decorado o diseñado. Permanecía abierto hacia el este.

Entré y pude distinguir que había en la pared una pintura del mandala de *shitro* de cien divinidades apacibles y coléricas. En las estanterías habían muchos libros tibetanos, incluido el *Tenyur* y *Kanyur*. Estaba mirando la colección cuando pude distinguir un hombre tibetano en la puerta. Vestía de manera similar a un lama, pero no del todo. Entonces me preguntó, "¿has visto a la Tara que habla?".

Le contesté que todavía no había visto a la Tara que habla, pero me gustaría poder hacerlo. Entonces el hombre me acompañó a una habitación con estatuas. Al dirigirse hacia la puerta para marcharse dijo, "ahí está la Tara que habla". Al principio no vi nada, pero me di cuenta de que el hombre miraba hacia arriba a lo alto de una columna. Seguí su mirada y allí, en lo alto de una columna había una estatua de Tara Verde. Estaba representada como un niño de unos siete u ocho años. Era una bonita estatua, pero no la oí hablar, después de esto me desperté.

El siguiente capítulo de esta historia no tiene nada que ver con un sueño. En 1984, estaba viajando por el norte de Nepal en dirección al Monasterio de Tolu, cuando reconocí el campo donde en mi sueño, la niña me había dado la flor y la oración. Miré hacia delante y allí estaba el templo. Cuando llegué, todo era como lo había soñado. Me dirigí hacia la columna, y traté de buscar a la Tara que habla. No estaba allí. Éste era el único detalle diferente con respecto al sueño. No hace mucho, oí que uno de mis estudiantes había ofrecido al templo una estatua de Tara Verde que fue colocada en lo alto de la columna como una especie de conmemoración. Si viajas a ese templo todavía puedes verla allí.

El desarrollo de la comprensión de los sueños

La posibilidad de desarrollar la capacidad de ser consciente dentro de los sueños y por consiguiente tener intensas experiencias inspiradoras así como la habilidad de controlar los sueños, es algo que está bien documentado. Es la manera de llegar a otro nivel más elevado de las prácticas de los sueños por medio de las prácticas presentadas más adelante en este libro[16]. Paralelismos entre confluencias culturales apuntan con fuerza hacia la existencia de una clase de experiencias en el soñar que han nutrido el avance del progreso cultural y religioso del ser humano. Estos sueños, que Norbu Rimpoché define como sueños de claridad, parecen surgir gracias a una concentración mental intensa hacia un sujeto o problema en particular, e igualmente por medio de la meditación y el ritual. Asombrosamente, pueden aparecer resultados creativos y trascendentes de estos sueños especiales, y algunos de ellos pueden ser canalizados.

En un seminario que dirigí en 1989, sobre la consciencia en los sueños, un participante relató el siguiente sueño: "Cuando era niño solía tener un sueño repetitivo en el que era amenazado por un viejo y feo enano que me aterraba. Cada vez que aparecía, me escapaba de la típica forma que se da en las pesadillas –donde parece que no puedes llegar a ningún lugar–, o hacía ver que me desmayaba simplemente para librarme de él. Finalmente durante un sueño me enfadé mucho y decidí que ya estaba cansado de ser amenazado. Me encaré al enano y le dije que era simplemente parte de mi sueño. En el momento que lo hice deje de sentirme asustado por él. El sueño nunca más volvió a aparecer después de lo sucedido".

Incluso mis pequeñas experiencias en los sueños han parecido ocasionalmente apoyar la posibilidad de los sueños premonitorios. Por ejemplo, el año pasado asistí a un acontecimiento deportivo con dos amigos. Me sentí impresionado por el colorido del estadio. Aquella noche soñé con un jugador de béisbol. Su foto estaba en la portada de un periódico. Intenté leer y recordar la impresión. A la mañana siguiente sólo podía recordar el nombre de Clark, cuando compré el New York Times como de costumbre, descubrí una foto de Will Clark, un jugador de béisbol, en la portada. Quizá, fuese una simple coincidencia. Si lo es, supone proponer el mismo argumento que Aristóteles usó para contradecir a Heráclito quien creía en los sueños premonitorios –simplemente para ilustrar hasta donde ha llegado la controversia–. Al margen de que mi sueño fuera profético o no, personalmente he llegado a creer que dentro del orden más alto del tipo de sueños creativos, hay una categoría que predice el futuro.

Si este fuera el caso, entonces el futuro estaría de alguna manera disponible en el presente. En el budismo tibetano, el *bönpo*, y otras tradiciones, se considera que los seres iluminados poseen la capacidad de ver el pasado, el presente y el futuro.

Si realmente hay una evidencia significativa sobre una clase de sueños de orden superior, la cuestión que se plantea parece estar en relación a cómo uno debe desarrollar la capacidad para tenerlos y si hay o no razones para cultivar esa capacidad –más allá de la habilidad de aumentar la creatividad–. De acuerdo con la tradición tibetana dsogchen, la clave para trabajar con los sueños es el desarrollo de una mayor consciencia en el estado del soñar. Es este grado de consciencia que diferencia el sueño ordinario del fruto último de la comprensión total del estado del soñar. Chögyal Namkhai Norbu habla de esta diferencia en el capítulo de la práctica de la luz natural.

En el curso de una noche corriente transcurren unas ocho horas durmiendo de las cuales, dos o más, pueden pasarse soñando. ¿Somos capaces de recordar los sueños de cada una de esas sesiones? ¿Con qué precisión recordamos los detalles? Una persona sin consciencia de sus sueños, que es en gran medida incapaz de recordar, ha sacrificado la consciencia de gran parte de su vida. Esta persona está perdiendo tanto la oportunidad de explorar las riquezas y fértiles profundidades de la psique como la oportunidad de crecer espiritualmente. Considere el mensaje de la siguiente oración budista:

Cuando el estado del soñar se muestra
no permanezcas en la ignorancia como un cadáver.

Entra en la esfera natural de la atención inamovible.
Reconoce tus sueños y transforma ilusión en realidad.
No duermas como un animal.
Sigue la práctica que mezcla sueño y realidad.

No hay duda de que los sueños lúcidos y las experiencias de claridad son acontecimientos fascinantes que parecen tener beneficios positivos para aumentar la propia estimación, la integración de la personalidad, y la superación del miedo. Además es importante situar la ocurrencia de estos sueños en el contexto de la búsqueda de una transformación espiritual o Iluminación. En una cultura como la nuestra que tiende a valorar experiencia como la causa de la propia experiencia, existe el peligro de "olvidarse del bosque a favor de los árboles".

Un lama de la tradición budista tibetana se refería a los sueños como simples juegos con la excepción de la experiencia lúcida del soñar, cuando esa experiencia surge como producto de un desarrollo individual de claridad meditativa, a través de la práctica nocturna del dsogchen de la luz clara o del yoga tántrico del sueño. A pesar de que parezca que no haya un valor relativo en la experiencia de los sueños lúcidos, desde el punto de vista budista su utilidad está limitada al hecho de que el individuo sepa cómo aplicar la consciencia lúcida en los estadios de después de la muerte del *choñid* y *sipa* bardos.

En la escuela dsogchen que durante milenios ha estado familiarizada con las experiencias de los sueños lúcidos así como con el fenómeno parapsicológico como la telepatía y la premonición, existe el consejo constante del profesor al estudiante de que no se debe estar apegado sólo a la experiencia. Esto contrarresta la tendencia occidental a valorar la experiencia por sí misma. Los acercamientos de occidente proponen además un análisis sistemático del contenido de los sueños, mientras que los maestros de dsogchen animan a los practicantes a no quedarse atrapados en los fenómenos de los sueños.

Aunque parece haber obvios beneficios relativos del minucioso examen del material de los sueños, es posible que esos beneficios sean sólo para el principiante. Para el practicante avanzado, la consciencia en sí misma puede, en su esencia, ser de más valor que la experiencia y el contenido de los sueños, sin importar lo creativos que sean. Los grandes maestros sostienen que los sueños cesan completamente cuando la comprensión llega a ser absoluta, los sueños son entonces reemplazados por una claridad luminosa de una naturaleza indescriptible.

Las técnicas para la investigación de los sueños procedentes de estas viejas tradiciones, son importantes porque estas tradiciones se encuentran en peligro de extinción. A pesar de que ya existen muchos libros escritos sobre los sueños en general, hay muy pocos que presenten el propósito de llevar la investigación del soñar al contexto espiritual. Maestros budistas, bönpos y taoístas me han comentado que esta situación les ha influenciado en su decisión de enseñar más abiertamente y en las últimas décadas estimados maestros com el Dalai Lama, Tenzin Wangyal y Gyaltrul Rimpoché han publicado libros sobre los sueños que sirven para traer luz a la información y las técnicas que se encuentran en el Yoga de los Sueños.

De una manera personal, este proyecto sirvió para enfocar mi atención en el poder y riqueza de mantener la consciencia durante las descuidadas horas del dormir. A pesar de nuestras circunstancias materiales, si cultivamos esta capacidad poseemos la joya que satisface los deseos. En occidente la exploración científica del dormir y el soñar es bastante reciente, pero dentro de la gran comunidad humana la arcana ciencia de la exploración y el conocimiento de los sueños ha sido apreciada durante milenios.

Psicólogos pioneros del siglo XX han comentado sobre el fenómeno del soñar. Sigmund Freud llamó a los sueños "el camino real al inconsciente", y Fritz Perls los llamó "el camino real hacia la integración". A su manera estas afirmaciones pueden ser ciertas, pero están empequeñecidas por la posibilidad de que la consciencia del soñar es un camino hacia la Iluminación.

Doy gracias por la oportunidad de poder ayudar a realizar una crónica de las extraordinarias experiencias y enseñanzas sobre el estado del soñar del maestro de dsogchen, Chögyal Namkhai Norbu.

Michael Katz
Nueva York, 2001

Notas

1. Las drogas psicotrópicas afectan a la mente, induciendo a veces visiones o alucinaciones. Usadas por los chamanes en culturas nativas para tener contacto con el mundo espiritual, estas drogas eran empleadas en rituales para la curación. Ejemplos de estas drogas son el peyote y ciertos tipos de setas y cactus.
2. Las divinidades *chthonic* vivían bajo tierra y estaban asociadas con la agricultura y la fertilidad de los campos. Eran propiciadas por las culturas de habla pre-helénicas, que fueron una cultura matriarcal. Estas divinidades podrían estar relacionadas con los guardianes locales, de quienes se cree, según los tibetanos, que residen en lugares específicos.
3. Esculapio, –llamado Aesculapius por los romanos– considerado hijo de Apolo fue criado en la cueva del centauro inmortal Chiron. Esculapio llegó a ser un gran médico y dejó la cueva de Chiron para ayudar a la gente de Grecia. Como fue un sanador memorable, los griegos terminaron por alabarle como a un dios y construyeron templos para honrarle. Dentro de estos templos Esculapio colocó camas para los enfermos, estableciendo así los primeros hospitales. Entraba en el templo con un bastón con serpientes enroscadas en él –el símbolo moderno de la medicina–, se creía que las serpientes conocían las causas y curación de las enfermedades. A veces, ponía a sus pacientes a dormir con una "pócima mágica" y escuchaba lo que decían en sus sueños. A menudo sus palabras explicaban lo que estaba causando el dolor, y con esta información Esculapio podía ofrecer una cura. Después de su muerte, los sacerdotes continuaban invocándole, y él continuaba apareciendo en los sueños de quienes estaban enfermos, ofreciéndoles consejos curativos.
4. La palabra "chamán" es un término siberiano derivado de la forma clásica de chamanismo del norte de Asia. A través de rituales, el canto, el sonido del tambor y las drogas psicotrópicas, los chamanes llegan al trance con propósitos curativos y de adivinación.
5. Extraído de *The works of Aristotle Translated into English*, ed. W.D. Ross (Oxford: Clarendon Press, 1931), Vol. 1, Capítulo 1, *De Dinatione Per Somnum*, pág. 462a.
6. LaBerge, Kelzer y otros investigadores de los sueños han tratado de desarrollar y reunir métodos para fomentar los sueños lúcidos. Estos incluyen el entrar en sueños lúcidos directamente a través de concentrarse en imágenes hipnóticas que ocurren de forma natural antes de dormir, (ver Kelzer, *The Sun and the Shadow*, página 144), y la autosugestión de que la persona llegará inmediatamente a la lucidez reco-

nociendo las incongruencias en los sueños. Por ejemplo, el editor recientemente tuvo un sueño en el cual vio a un hombre y a un perro que habían intentado saltar desde un tejado a otro, y fallando en el intento caían de una forma incongruente con las leyes de la gravedad. El reconocimiento de esta incongruencia dio lugar a un sueño lúcido.

Otros métodos incluyen una variedad de formas para utilizar la auto-sugestión, la intención de que uno llegará a la lucidez en sus propios sueños. Steven LaBerge (ver *Lucid Dreaming*, páginas 48-78) ha sido particularmente eficaz en sistematizar estas técnicas. Su técnica, "inducción memorística de sueños lúcidos" (MILD), supone el despertarse después de soñar, atendiendo a los detalles del sueño, particularmente a las incongruencias, y tomar una fuerte determinación de que si una incongruencia o un signo reaparece, uno podrá inmediatamente volverse lúcido. En esta técnica uno tiene la intención de llegar a la lucidez inmediatamente antes de volver a dormir. LaBerge informa que la efectividad de esta técnica mejora gracias al uso simultáneo de dispositivos tecnológicos como sus "gafas para soñar" que producen un destello de luz de baja intensidad paralelo al movimiento rápido de los ojos que caracteriza el comienzo del estado del soñar.

Otra técnica discutida por varios investigadores del sueño, que incluye a Paul Tholey, recoge la realización de pruebas en los estados del soñar. Este término se refiere a la práctica de preguntarse si uno está soñando en diferentes intervalos durante todo el día, mientras al mismo tiempo se analiza la situación para intentar asegurarse de la respuesta. El "estado crítico de prueba" (*Lucid Dreaming*, página 58), en muchos casos da lugar a un proceso de prueba similar dentro del sueño, y por tanto de la lucidez.

Estas técnicas que pretenden inducir la lucidez, contrastan con la práctica de la luz natural encontrada en las tradiciones budistas, *bönpo* y dsogchen así como en la discusión de Norbu Rimpoché, quien no apunta particularmente hacia el desarrollo de la lucidez, sino que la considera como un producto natural en el desarrollo de la atención y el estar presente.

7. Las descripciones de las experiencias de los sueños lúcidos como increíbles y liberadoras o, alternativamente, la experiencia de Kelzer del sueño lúcido de estar en prisión, que sirvió para recordarle la necesidad de practicar para alcanzar "esa plenitud de expresión mental a la que aspiro", parecen tener un eco en los temas tocados por Platón en *La Metáfora de la Cueva*.

   En este clásico de la filosofía, Platón describe a los habitantes de la cueva, quienes se han acostumbrado al mundo de sombras y de silenciosa realidad de la cueva. Los habitantes no son conscientes de la posibilidad de una realidad más vibrante y espectacular, e incluso dudan de la probabilidad del sol.

Descripciones de sueños lúcidos que incluyen una intensidad inusitada, riqueza de color, y otras impresiones pueden sugerir un "sabor de Iluminación". Quizá quien sueña ha roto momentáneamente los modos habituales condicionados que típicamente gobiernan la percepción, en referencia a la alegoría de la vida dentro de la cueva.

8. Además, existe la teoría de que Freud tenía conocimiento del soñar lúcido e incluso hizo mención a tipos de experiencias en los sueños lúcidos. Ver *Introductory Lectures on Psychoanalysis* en *The Complete Psychological Works of Sigmund Freud*, (New York. Hogart Press, 1916), Vol.15, pág. 222. Esta evidencia está resumida por Bol Rooksby y Sybe Tenwee en un artículo publicado en *Lucidity Letter*, 9 (2) 1990, Edmonton, Alberta.

9. El interés de Jung por el budismo y por las filosofías orientales fue lo suficientemente importante como para escribir el prefacio para la primera traducción del clásico tibetano sobre la muerte, el *Bardo Thodol*. Desafortunadamente, debido a errores en la traducción en la publicación original de *El Libro Tibetano de la Gran Liberación* de Evans Wentz, Jung nunca tuvo un claro entendimiento de las enseñanzas dsogchen de la gran perfección que se encuentran en dicho texto. La falta de comprensión de Evans Wentz sobre el dsogchen, originó unas traducciones equivocadas, confundiendo "la primordial naturaleza pura de la mente" como la "sola mente".

   Como consecuencia Jung interpretó la "sola mente" de forma equívoca, como algo referente al inconsciente. La naturaleza pura de la mente fue una referencia al cenit de la enseñanza budista, el dsogchen. El sabor de la práctica del dsogchen está descrito más adelante en este libro por Chögyal Namkhai Norbu, y también en el texto original del maestro tibetano de meditación, Mipham (1846-1914). Para una discusión más amplia sobre dichas confusiones, el lector puede obtener referencias en la reciente traducción de *Tibetan Book of the Great Liberation* de John Reynolds.

10. No está claro hasta qué punto Jung estuvo influenciado en su concepto de la energía psíquica universal por el budismo tántrico y por las teorías taoístas de las energías internas, llamadas *lung, prana y chi* en el budismo tibetano, hinduismo y taoísmo, respectivamente.

   Según el sistema tántrico el lung o los aires internos, circulan a través de canales o meridianos llamados *tsa*. De acuerdo con Chögyal Namkhai Norbu y otros lamas de la tradición dsogchen, el *lung* puede ser purificado y hecho circular a través de vías internas específicas. Los métodos para alcanzar estos fines son elaborados ejercicios físicos y respiratorios respectivamente llamados *tsalung* y *trulkhor* o *yantra*.

11. Actualmente está claro que existen las llamadas "gentes primitivas" con formas sofisticadas de interpretar y manipular los sueños. Lo que parece probable es que durante milenios unos pocos iniciados han practicado ampliamente en diversas culturas, la manipulación del sueño, el soñar lúcido, etc., mientras la mayoría de la población -de entonces y de ahora- duerme inconscientemente.

12. Krippner, S. *Dreamtime and Dreamwork*, prefacio al capítulo 5, páginas 171-174.

13. *Bönpo/Yung-drung Bön*: las enseñanzas de la escuela *bön* procedentes del Buda Tenpa Shenrab, que apareció en tiempos prehistóricos en Asia central. *Bön* significa enseñanza o darma, y *yung-drung* significa lo eterno o lo indestructible. *Yung-drung* es a menudo simbolizado por una esvástica rotatoria con las puntas hacia la izquierda. La dirección izquierda representa las raíces matriarcales de Tíbet -lo izquierdo se relaciona con la energía femenina, lo derecho con lo masculino-. El *yung-drung* es un símbolo de la indestructibilidad de las enseñanzas bon como el dorye/vajra/el cetro de diamante es el símbolo de las enseñanzas budistas tántricas. Es importante destacar que el *Yung-drung* no tiene ninguna relación ideológica o similitud con la esvástica.

    El Bön *Yung-drung* también es conocido como "Nuevo Bön". Lopon Tensin Namdak distingue dos fases en el desarrollo del bon. La primera fase es la más antigua "Bön Antiguo", o "Bön Primitivo", que es muy similar al chamanismo del norte de Asia. La segunda fase es el "Bön *Yung-drung*" con sus raíces en las enseñanzas del Buda Tenpa Shenrab.

14 Tensin Namdak nació en Tíbet occidental en 1926, fue el maestro principal o *lopon* (*slob dpon*) del Monasterio *bönpo* de Menri (*sMen ri*), antes de la invasión comunista. A principios de la década de los sesenta fue invitado a visitar el Reino Unido con otros profesores tibetanos para colaborar con el Profesor Snellgrove en la publicación de *The Nine Ways of Bön*.

    De regreso a India fundó la comunidad *bönpo* de Dolanji en Himachal Pradesh para restablecer el curriculum tradicional de los estudios monásticos y ritualísticos. Recientemente ha establecido un nuevo monasterio en las inmediaciones de Swayambhu en Kathmandú.

Según este gran erudito y líder de la comunidad *bönpo* en el exilio, el Bön o *Yund Drug* Bön, tuvo su origen en tiempos muy remotos en un lugar entre el oeste del Tíbet y el este de Persia. Su fundador fue Shenrab Miwoche, quien reformó las existentes tradiciones ritualistas basadas en prácticas muy similares al chamanismo del norte de Asia. Según fuentes tradicionales, la era de Shenrab Miwoche se remonta a 18.000 años. Es interesante resaltar actividades como el enterrar personas con objetos, que se inició 30.000 años antes de Cristo. A esto se puede añadir el hecho de que los restos arqueológicos del hombre de Cro-Magnon encontrados en África, Europa y en el territorio entre Irán y el resto de Asia se remontan a 100.000 años antes de Cristo.

15. Dakini: (Tib.: *khandro*). "*Kha*" significa espacio, cielo; "*dro*" significa ir. El término indica uno que va al cielo/espacio. La dakini es el cuerpo de la sabiduría, y está más allá de una distinción sexual, pero es percibido con forma femenina. Hay muchas clases de dakinis incluyendo las dakinis sabias, que han alcanzado la Iluminación. Ejemplos de éstos son Mandarava, Yeshe Tsogyal y Vajra Yoguini.
16. Incluidos más adelante en este libro, se encuentran una serie de sueños de Chögyal Namkhai Norbu, que recopiló mientras peregrinaba a la cueva de Maratika en Nepal. En esta peregrinación, Chögyal Namkhai Norbu soñó sobre un texto de más de cien páginas de extensión, que incluía instrucciones para avanzadas prácticas de meditación. Sueños creativos espectaculares como éstos se denominan sueños de claridad.

1. Naturaleza y Clases de Sueños

En un sutra, el Buda Shakiamuni[1] describe el mundo fenomenológico, que generalmente consideramos como real, por medio del uso de múltiples metáforas. Estas descripciones metafóricas asemejan nuestra realidad a una centelleante estrella fugaz, a una ilusión óptica, a lámparas de aceite, a gotas de rocío al alba, a burbujas en el agua, a rayos, a un sueño y a nubes. Según el Buda, todas las existencias condicionadas, todos los darmas[2] y, de hecho, todo fenómeno es irreal e instantáneamente cambiante como esos ejemplos mencionados.

Otro sutra usa metáforas poéticas para mostrar la naturaleza esencial de nuestra condición irreal. Estas metáforas incluyen el reflejo de la luna en el agua, un espejismo, una ciudad construida de sonidos, un arco iris, un reflejo en un espejo y también un sueño.

El ejemplo de un sueño está incluido en estos sutras porque todos sabemos que si examinamos un sueño no encontraremos nada concreto. A pesar de que podemos descubrir las causas primarias y secundarias que hacen aparecer un sueño, no hay nada concreto o real en sí.

Aunque hay diferentes condiciones que nos llevan a soñar, el resultado de esas condiciones, nuestros sueños, pueden agruparse en general en dos categorías principales: los sueños más comunes que aparecen a partir de huellas kármicas[3] y los sueños que aparecen de la lucidez de la mente.

En la categoría de los sueños que son causados por el karma, hay sueños que están relacionados principalmente con los tres estados de existencia, el cuerpo, el habla, y las tensiones de la mente del individuo; y hay otros que están relacionados con las huellas kármicas. Estos últimos tienen tres causas: huellas kármicas originadas en una vida pasada, en la juventud y en el pasado reciente del individuo.

En la medicina tibetana, un médico que esté llevando a cabo una investigación sobre el origen de una enfermedad, también considerará con cuál de las tres existencias está relacionado el sueño de la persona enferma. Con esta información el médico podrá descubrir la condición y situación real del cuerpo, energía y mente de la persona enferma. A veces, un individuo que tiene una enfermedad grave de difícil curación puede encontrarse en esa condición debido a causas kármicas originadas en la juventud o incluso en las vidas pasadas. También puede suceder que la enfermedad sea el resultado de una causa kármica que se ha manifestado a partir de acciones recientes. Por tanto, el método para examinar los sueños se convierte en uno de los medios más importantes para analizar y descubrir las causas principales y secundarias del problema.

¿Qué se quiere decir con los sueños relacionados con las tres existencias del individuo? Estos sueños surgen debido a cualquier tipo de experiencia del cuerpo, del habla o de la mente. Por tanto, experiencias directamente relacionadas con los elementos, la energía y las emociones del individuo pueden llegar a ser causas instantáneas para manifestar alguna experiencia del sueño, ya sea buena, mala o neutral.

Por ejemplo, una persona que duerme en la cama en una posición incorrecta puede sentirse incómoda o con dolor. La incomodidad puede ser la causa principal de un sueño negativo. O, si no se duerme bien, debido a una obstrucción en la respiración, pueden aparecer sueños donde te sofocas o te sientes estrangulado. Además, no es difícil entender que sentimientos asociados con la mente como la alegría y la tristeza pueden ser además la causa secundaria inmediata para tener sueños. Estos son ejemplos de sueños relacionados con las condiciones de las tres existencias del individuo.

En relación a los sueños que tienen que ver con el karma, hay un tipo de sueño que se basa en aquéllas cuya causa se origina en una vida previa. En este tipo de sueño, pueden aparecer cosas poco familiares que la persona no ha experimentado en esta vida, como visiones de otro país o gentes extrañas que tienen costumbres o lenguas nada familiares. Estos sueños pueden repetirse tan a menudo que quien sueña puede llegar a ser un experto de ese mundo poco familiar. Tales experiencias indican la existencia de un fuerte hábito de una vida pasada que ha dejado una huella kármica en el individuo. O puede aparecer un sueño de un país inusual con una extraña persona que quiere preocupar o matar a quien lo sueña; como resultado quien sueña genera un fuerte sentimiento de miedo. Esto algunas veces indica que semejante situación tuvo lugar en una vida previa, las condiciones de dicha persona fueron fuertemente influenciadas, lo que dejó un rastro kármico. Estos rastros vuelven a aparecer cuando las condiciones secundarias maduran. Como otro ejemplo de este tipo de sueño kármico, si alguien me asesinó en mi vida anterior, puede que todavía en esta vida tengas sueños de ser asesinado. No es cierto que lo que soñamos sean siempre experiencias relacionadas con esta vida. Si un acontecimiento es muy intenso, puede que lo sientas vida tras vida. Cuando duermes profundamente, puedes crear el potencial perfecto para que los karmas anteriores se manifiesten en tus sueños.

Si solamente has tenido sensaciones fuertes también pueden repetirse en tus sueños Por ejemplo, si de niño alguien se metió contigo este problema podría repetirse en tus sueños. O si hoy tengo algún problema con alguien, éste puede repetirse esta noche en mis sueños. El principio es que si has estado expuesto a una fuerte tensión y duermes profundamente, la tensión tiende a repetirse. Este es un tipo de sueño, un sueño kármico de *pagchag*. *Pagchag* significa los rastros que han quedado de algo. Por ejemplo, si hay una botella que guardó perfume, todavía puedes oler su rastro. Esto es *pagchang*. Este primer tipo de sueño kármico ocurre, aunque no es frecuentemente, experimentado por todo el mundo.

Los sueños kármicos del segundo tipo son aquellos cuyas causas se desarrollaron durante la juventud de quien sueña. Si la persona en su juventud experimentó un fuerte miedo o se vio involucrado en un accidente, esa experiencia puede dejar un rastro, así pueden manifestarse sueños en una época posterior que estarán relacionados con el evento de forma literaria o temática. O si por ejemplo en la infancia alguien vivió un terremoto que le originó un gran miedo, entonces más adelante existe el potencial de que las huellas puedan ser activadas cuando aparezcan causas secundarias apropiadas como la experiencia de otro terremoto.

El tercer tipo de sueño kármico tiene su origen en las acciones recientes que dejaron una honda impresión en el sujeto. La persona puede haber estado recientemente bajo la influencia de un fuerte odio y como consecuencia de ello puede haberse peleado con alguien. Este fuerte odio deja una huella; debido a ello podrá manifestarse un sueño similar en cuanto al tema o a la situación.

Las causas de todos estos tipos de sueños son principalmente kármicas es decir, están relacionadas con un hecho que supuso una fuerte impresión para la persona y le dejó rastros de tensión, miedo u otras emociones fuertes. Cuando se dejan huellas es lógico que un sueño con temas que tengan que ver con esa huella, surja con más frecuencia.

Existe una variedad de sueños semejantes relacionados con la claridad de un individuo, es decir, sueños que tienen que ver con las tres existencias y aquellos relacionados con las impresiones kármicas del individuo. ¿Qué es un sueño lúcido? Un sueño lúcido surge cuando existen causas secundarias; por medio de éstas se manifiesta la lucidez. Incluso podemos obtener consejo y predicciones para el futuro porque son causas secundarias de acontecimientos futuros. Un sueño lúcido se manifiesta, por lo general, a las primeras horas de la mañana. ¿Por qué? Porque en nuestro primer sueño, dormimos profundamente. Con rapidez consumimos está pesadez y el sueño se vuelve ligero. A medida que se hace más ligero, la lucidez se puede manifestar con más facilidad. Si nuestra práctica de presencia continua tiene éxito, los sueños kármicos disminuyen. Esto es debido a que están relacionados con tensiones. El estado de contemplación o presencia, representa la relajación total. Consecuentemente, no habrá manifestaciones de tensión. En lugar de sueños kármicos, tienes más sueños lúcidos.

En cuanto al tipo de sueño lúcidos en relación con las tres existencias, todos los seres humanos tienen en su verdadera naturaleza un potencial infinito y cualidades sin manifestar. A pesar de que el sol brille siempre, a veces no podemos verlo debido a que una capa de nubes lo cubre mientras que en otras ocasiones podemos verlo entre las nubes sólo por un momento. De forma similar, a veces la claridad del individuo aparece espontáneamente; un resultado de esto es la aparición de sueños lúcidos.

La gente que practica el darma intenta relajarse. A través de la relajación del cuerpo, energía y mente, los elementos y las energías llegan a un equilibrio y por medio de esta causa secundaria o instantánea surgirán diferentes tipos de sueños lúcidos. Esto es particularmente cierto para el que realiza prácticas relacionadas con los chakras[4] y los canales que controlan el prana y la energía.

Para algunos individuos, estos tipos de sueños lúcidos aparecen gracias a la claridad de sus mentes, incluso sin la necesidad de aplicar método alguno para relajar el cuerpo o controlar la energía. Cuando un practicante ha madurado o se ha desarrollado, hay una disminución de los obstáculos que normalmente oscurecen la claridad natural de la mente. Siguiendo la analogía del sol, las nubes han desaparecido casi por completo y los infinitos rayos de sol se pueden manifestar directamente.

Cuando todas las condiciones son correctas y el cuerpo, habla y mente están relajados gracias a una práctica desarrollada, aparecerán diferentes tipos de sueños lúcidos, y algunos de ellos podrían anticipar un acontecimiento futuro. Además, al igual que los sueños ordinarios que tienen causas kármicas de vidas pasadas, los sueños lúcidos de karma previo pueden resurgir. Dependiendo de la capacidad del que sueña, es posible recordar una vida pasada en su totalidad. Cien o incluso cien mil vidas se pueden recordar en un sueño. Podemos leer sobre estos extraordinarios sueños que aparecen de una claridad sin obstrucciones en los relatos de las vidas de bodisatvas y arjats.

Un ejemplo de los sueños de lucidez que un practicante podría tener como resultado de huellas kármicas acumuladas durante la juventud, sería el siguiente: Al principio de su vida, una persona podría haber encontrado muchos maestros extraordinarios, o haber recibido enseñanzas e iniciaciones, o haber aprendido métodos para la práctica. Más tarde esa persona puede tener sueños sobre estas cosas en las cuáles profundizará en su conocimiento. La persona puede incluso adquirir conocimiento o métodos para la práctica en un mismo sueño que nunca ha tenido antes. Uno puede tener muchos sueños interesantes de este tipo.

Los sueños lúcidos relacionados con experiencias recientes pueden surgir de la siguiente forma: Una persona lee algo, quizá un texto de darma muy importante, o quizá tenga una profunda conversación sobre la práctica del darma. Esto puede llegar a ser la causa para tener sueños que tengan que ver con el pasado, presente o incluso con el futuro.

Estos tipos de sueños lúcidos son una continuación y desarrollo de los sueños ordinarios y surgen principalmente en practicantes que ya tienen algo de experiencia en el trabajo con sus sueños o que tienen experiencia en mantener lucidez y consciencia dentro del sueño. Son el tipo de sueños que se manifiestan a través de la claridad del propio estado mental, o *rigpa*[5].

Muchos de los métodos para practicar el darma que son aprendidos cuando estamos despiertos pueden, dependiendo del desarrollo de la consciencia en el soñar, ser aplicados en el sueño. De hecho, se podría desarrollar estas prácticas más fácil y rápidamente dentro del sueño, si se tuviese la capacidad de permanecer consciente. Hay incluso algunos libros que dicen que si una persona aplica una práctica dentro del sueño, la práctica es nueve veces más efectiva que cuando se aplica en estado de vigilia.

La condición del sueño es irreal. Cuando descubrimos esto por nosotros mismos dentro del sueño, el inmenso poder de este logro puede eliminar obstáculos relacionados con una visión condicionada. Por esta razón, la práctica de los sueños es muy importante para liberarnos de nuestros hábitos. Particularmente necesitamos esta poderosa asistencia, para liberarnos de los apegos emocionales, los condicionamientos, y el desarrollo del ego que componen nuestra vida normal, y que han sido fortalecidos a lo largo de muchos años.

En realidad, todo lo que vemos en nuestra vida es como un gran sueño. Si lo examinamos bien, el gran sueño de la vida y los sueños más pequeños de una noche no son muy diferentes. Si realmente vemos la naturaleza esencial de ambos veremos que no existe diferencia entre ellos. Si finalmente podemos liberarnos de las cadenas de las emociones, el apego y el ego gracias a este logro, tenemos la posibilidad de alcanzar finalmente la Iluminación.

Notas

1. Shakiamuni es el Buda histórico que nació como el príncipe Sidarta, renunció a su derecho por nacimiento al trono al percibir el sufrimiento del mundo, y alcanzó finalmente la Iluminación.
2. Darmas: La verdad, leyes y realidades básicas. Este término se usa en singular para describir el camino hacia la Iluminación.
3. Huellas kármicas: De acuerdo con la doctrina del karma, toda acción es seguida por una inevitable, pero no necesariamente inmediata, consecuencia. El término "huella kármica" se refiere a las "semillas" que existen como potenciales sin manifestar y que maduran cuando las condiciones secundarias necesarias están presentes.
4. Chakras: Centros psíquicos no materiales localizados en el cuerpo en lugares específicos. De acuerdo con la metafísica budista, los chakras principales se encuentran en la coronilla de la cabeza, la garganta, el corazón, el ombligo y los genitales.
5. *Rigpa*: Consciencia de pura presencia de la mente natural autoperfeccionada. Para comentarios adicionales, ver *The Cycle of Day and Night* de Chögyal Namkhai Norbu.

2. *La Práctica de la Noche*

La noche es muy importante para todos porque pasamos en ella la mitad de nuestras vidas; a menudo nos dejamos llevar tranquilamente por el sueño la mayor parte del tiempo sin ningún esfuerzo o compromiso. Hemos de tener la intuición de ver que la práctica puede tener lugar siempre, incluso durmiendo o comiendo. Si esto no sucede, es difícil que haya un progreso en el camino. Por tanto, la práctica de la noche es muy importante, y explicaré su teoría y su práctica.

Cuando alguien dice "práctica de la noche", normalmente pensamos en la práctica de los sueños lúcidos. Existen muchas explicaciones sobre los sueños lúcidos, pero en la enseñanza dsogchen, practicar en los sueños y desarrollar lucidez, no es fundamental. Son prácticas secundarias. En este caso la práctica con los sueños es secundaria porque puede surgir espontánea o automáticamente a partir de la comprensión de la práctica principal, la "práctica de la luz natural".

La práctica de la luz natural, está relacionada con el momento anterior al sueño. Por ejemplo, cuando alguien se duerme o "cae dormido" significa que todos sus sentidos se desvanecen y por tanto está durmiendo. A partir de este momento existe un periodo de transición hasta que los sueños empiezan. Este periodo puede ser más largo o más corto.

Para algunos, los sueños comienzan casi inmediatamente después de empezar a dormir. Pero, ¿qué significa que los sueños comienzan?, significa que la mente empieza a funcionar de nuevo.

Por contra, el estado de luz natural no es un momento o un estado en el cual la mente esté funcionado. Es el periodo que empieza cuando "caemos dormidos" y acaba cuando la mente comienza a funcionar de nuevo. ¿Qué existe después de esto? Existe lo que llamamos el *milam bardo*[1].

Hay una correspondencia entre dormir y soñar con nuestras experiencias cuando morimos. Cuando una persona muere, todos sus sentidos dejan de funcionar. Hablando de bardos, hablamos del momento en el que los sentidos se absorben en nosotros mismos, éste es el bardo del momento de morir, el *chikhai bardo*. En ese momento la persona tiene diferentes sensaciones por la desaparición y absorción de los sentidos.

Después de esto, viene un estado parecido a la inconsciencia, similar a un desmayo. Entonces, comienza lo que se denomina el surgir de las cuatro luces. Varios tantras[2] lo explican con algunas pequeñas diferencias. Algunos hablan de cuatro luces, otros de cinco. Realmente es como si te hubieses desmayado y –con el surgir de las luces– poco a poco la consciencia vuelve a reaparecer.

Por ejemplo, la mente debe empezar a trabajar para que puedan haber razonamientos. Primero debemos tener consciencia de los sentidos. La mente comienza a recibir estas percepciones, pero todavía no hay razonamientos ni pensamientos. Lentamente, paso a paso, surgirán pensamientos.

Existe la presencia de un estado de consciencia, y todavía la mente no ha empezado a tener pensamientos. Éste es el momento llamado estado de la luz natural. Siempre se ha considerado que es durante este periodo cuando el practicante de tantra alcanza su logro espiritual. En el tantra, a este periodo se le describe como el momento en que uno se encuentra con la luz madre[3]. Es exactamente ese momento, justo después del desmayo, cuando la consciencia vuelve a desarrollarse o despertarse.

Una iniciación tántrica completa consta de cuatro iniciaciones, la última de ellas se denomina la iniciación de la palabra. En ese momento el maestro da una especie de introducción a la mente natural[4]. Incluso si no has conseguido la mente natural, pero te vuelcas en la práctica, observas los compromisos, tienes fe y practicas con devoción, a veces es posible que en el momento del último despertar de la consciencia venga un destello de reconocimiento de la mente natural o *rigpa*. No es fácil, pero si realmente has tenido conocimiento de ello, es posible. A medida que vayas pasando y avanzando a través del proceso, descubrirás una sucesión en el desarrollo de las luces, para las cuales existen diferentes explicaciones.

En las enseñanzas dsogchen, la última de estas fases, la quinta luz, se conoce como *lhundrub*[5], el estado de autoperfección. En ese momento se obtiene un nuevo despertar de la consciencia. Es posible reconocer lo que te ha sido transmitido mediante la introducción directa del maestro. La experiencia de esa transmisión es lo que llamamos la experiencia de la sabiduría.

Permítaseme usar la analogía del sol. Imaginemos que el cielo está cubierto con nubes, y que entre esas nubes se puede percibir un rayo de sol. Aunque las nubes no hayan permitido ver toda la luz del sol, se experimenta lo que se entiende por sol y luz solar. Esta experiencia es análoga a la de la sabiduría.

Este conocimiento es identificado como el conocimiento "hijo", en comparación con el conocer "madre" o experiencia plena. Cuando practicamos, intentamos desarrollar este conocimiento hijo. Este conocimiento es el "hijo" de la "madre".

Algunas personas tienen éxito en la práctica y desarrollan plenamente este conocimiento y por tanto alcanzan el logro último en esta vida. De ellas se dice que pueden alcanzar el Cuerpo de Luz[6].

Incluso si no has llegado a conseguir los logros espirituales completos pero has tenido experiencia en la práctica, entonces en el momento de después de la muerte, en el estado de *lhundrub*, cuando te encuentras con la luz madre, reconocerás la presencia completa de la sabiduría antes de que las actividades de la mente se vuelvan a poner en marcha. La analogía que se usa es como el hijo que se reencuentra con su madre. Los libros hablan del encuentro entre la luz hijo y la luz madre, pero lo que realmente se quiere decir es que lo que teníamos sólo como un ejemplo, ahora lo descubrimos en su totalidad.

Este estado –mientras vamos pasando a través de las luces hasta la luz última, el *lhundrub*, o luz de autoperfección– es el estado en el que cualquier practicante de tantra consigue su meta. Es sólo después de esa experiencia cuando comienza el estado de *sidpai bardo*. Hasta ese punto, experimentamos el *chönyid bardo* el bardo del *dharmata*. ¿Por qué lo llamamos *dharmata*? Porque representa nuestro estado fundamental básico o consciencia fundamental.

El *sidpai bardo* empieza después del *chönyid bardo*. Éste es el bardo que uno normalmente conoce, el bardo de la existencia. En otras palabras, es donde las funciones de la mente empiezan de nuevo. Es como si ahora hubiésemos entrado en el sueño. Como ocurre en el sueño, puedes soñar cualquier cosa y entonces en cierto momento te despiertas y empieza otro día, por lo que se considera que has salido del bardo, y comienza otra existencia. Esta existencia está determinada por tu visión kármica, y de esta forma es como transmigramos. Así es cómo continuamos, día y noche.

Por tanto vemos que el estado de los bardos no es algo para ser leído o entendido en abstracto. Tiene que ver con la práctica. La manera de practicar en el momento de la muerte y el *sidpai bardo* es hacer la práctica de la luz natural. Si has llegado a tener conocimiento o comprensión del estado de la luz natural, también tendrás ese conocimiento y presencia en el momento de morir. Si eres capaz de morir con reconocimiento y consciencia, significa que conoces las manifestaciones de luz. En este caso no tendrás dificultad en reconocer la luz madre.

Resumiendo: con el comienzo del bardo de la existencia, el funcionamiento o actividades de la mente –lo que es conocido como el cuerpo mental–, también comienza. Esto es equivalente al surgimiento de los sueños. En la práctica que hagamos, tiene que haber conocimiento o dominio del estado de la luz natural. Cuando uno puede reconocer este estado de luz natural, entonces, incluso si después soñamos, uno espontáneamente llega a ser lúcidamente consciente de que está soñando mientras sueña, y automáticamente consigue el dominio de sus propios sueños. Esto significa que el sueño no condiciona a la persona, sino que la persona gobierna sus sueños. Por esta razón, la práctica de los sueños es secundaria, y no sé cómo puedo hacer resaltar lo importante que es hacer la práctica de la luz natural.

Cuando comenzamos a soñar, como hemos mencionado antes, puede que tengamos dos tipos de sueños generales. Un tipo son los sueños kármicos y el otro los sueños de claridad. Además de esos sueños que reflejan el karma de nuestra vida actual, los sueños kármicos pueden además estar relacionados con nuestras vidas pasadas.

El otro tipo de sueño es el sueño de claridad. ¿Por qué tenemos sueños de claridad? Porque todos desde el principio poseemos un potencial infinito; ésta es una cualidad de la mente natural que todos poseemos. En ocasiones, incluso si no estamos haciendo ninguna práctica en particular, un sueño de claridad se manifestará, porque poseemos esa naturaleza. Si estás haciendo la práctica de la noche y familiarizándote con ella, entonces no sólo ocasionalmente, sino regularmente te familiarizarás con las manifestaciones de los sueños de claridad.

Puede que ahora entiendas lo que es la teoría y su importancia. A continuación voy a explicar cómo la puedes practicar.

Si eres una persona agitada, entonces antes de irte a dormir, puedes hacer un poco de respiración profunda para regular el flujo del aire y calmarte. Concéntrate en la sílaba tibetana blanca ཨ situada en el centro de tu cuerpo. Si prefieres una A de tu alfabeto es aceptable. Lo importante es que corresponda en tu mente al sonido *Ahhh*. Es importante que cuando veas esa letra sepas automáticamente qué sonido es.

Si no tienes éxito en la concentración y no puedes ver esta ཨ al principio, o si no sabes cómo visualizar, intenta escribir una ཨ o una A en un papel, colócala frente a ti, y obsérvala durante un rato. Cierra tus ojos y esta ཨ aparecerá inmediatamente en tu mente. De esta manera obtendrás una imagen más precisa.

Intenta concentrarte en la blanca ཨ, o fíjate en la presencia de la blanca A, y mantenla todo el tiempo que te sea posible.

También puedes realizar un tipo de entrenamiento para tener mayor precisión en experimentar esta presencia: Imagina que desde la A o la ཨ en el centro de tu cuerpo aparece una segunda y de la segunda una tercera, hasta que puedas ver una cadena de letras A (o ཨ) yendo hasta tu coronilla. Entonces visualízalas descendiendo hacia abajo. Puedes repetir esto varias veces si no te duermes enseguida. Cuando tengas dificultad en sentir la presencia de las letras, es muy útil e importante imaginarlas. Ésta es una forma de incrementar tu claridad.

Lo más importante es que cuando te quedes dormido, intentes

tener presente la ཨ. Inicialmente, debería ser precisa y clara, luego puedes relajarte. Relajarse no significa que te olvides de la ཨ o que te des por vencido. Tienes que mantener una sensación de su presencia, relajarte y dormirte.

Deberías intentar hacer la práctica de la luz natural cada noche, de la misma forma que deberías intentar estar en un estado de contemplación continuamente. Para cada momento y cada actividad existen formas de hacer la práctica de dsogchen. Pero si la práctica de dsogchen de la noche te es difícil, y tienes más experiencia en hacer la práctica del sueño siguiendo el estilo tántrico, y ya has tenido una iniciación en una divinidad particular, entonces quizá sería mejor que continuases con tu práctica tántrica. Por ejemplo, si sigues la práctica de Vajrayoguini[7], entonces en el momento de irte a dormir deberías intentar visualizar una diminuta Vajrayoguini en el centro de tu cuerpo. Llamamos a este ser *jñanasatva* que significa manifestación de la sabiduría.

Mantén esta presencia y continúa durmiendo. Hay otras prácticas de visualización similares al yoga del guru[8] en las prácticas tántricas del sueño. Por ejemplo, puedes visualizar a Vajradara[9] como la unificación de todos tus gurus y manifestar esta visualización en el centro de tu cuerpo. Mantén la presencia de dicha visualización, relájate, y lentamente duérmete. Puesto que éstos son ejercicios tántricos, deberías practicar sólo las instrucciones especiales que recibas de tu maestro.

Como contraste, en dsogchen generalmente realizamos la visualización de una ཨ blanca como ya hemos mencionado, para la coordinación de energía. Visualizamos la ཨ blanca en el centro del cuerpo. Después de haberse manifestado esta ཨ luminosa y blanca, lentamente nos relajamos. Nos relajamos de forma lenta pero por completo. Cuando llevamos a cabo esta visualización nos relajamos completamente, para no tener ningún tipo de tensión. Si no nos relajamos completamente, seremos incapaces de dormir. Debemos manifestar espontáneamente la ཨ blanca sin pensar, sin crear y entonces relajar todo esfuerzo e ir a dormir.

Para acordarte de visualizar la ཨ blanca y hacer la práctica dsogchen de la noche, es muy útil colocar una imagen con la ཨ blanca cerca de tu cama. Nadie sabrá lo que es; quizás piensen que es una obra de arte. Sin embargo, tu sabrás su función precisa.

Además es muy importante acordarte de la práctica de la ཨ blanca cuando te despiertes por la mañana. Si es posible podrías pronunciar la ཨ inmediatamente. Si no puedes pronunciarla en voz alta porque hay alguien más durmiendo, es suficiente con exhalar ཨ, mientras puedas oirte a ti mismo y sentir su presencia. Éste es un método del yoga del guru. No es necesario recitar muchas palabras u oraciones; simplemente es suficiente con tener la presencia de la ཨ blanca y con reconocer que es la unificación de la mente de todos los gurus. Entonces entras a formar parte del estado de contemplación o *rigpa*.

Empezar tu yoga de las mañanas de esta manera es maravilloso y te ayudará mucho en tus prácticas y en particular la de la noche. Existe cierto tipo de conexión que estableces al recordar la ཨ blanca cuando vas a dormir y de nuevo al despertar.

Para aquellos que no han practicado esto antes, puede que la primera, la segunda, o la tercera vez que lo intenten, sea un completo fracaso. De hecho, puede que lo estés intentando practicar un poco y de repente estés ya dormido. Como cualquier cosa, hasta que no lo hayas aprendido, es difícil, pero si tienes determinación, cada vez te será más familiar.

Si se es capaz de dormir de la forma mencionada, se podrá encontrar la consciencia total del estado de la luz natural. Uno se duerme y dormirá con consciencia plena. Si se obtiene esta consciencia mental cuando entra en los sueños, es fácil reconocer que se está soñando. Puede que no suceda enseguida; algunos llegan poco a poco a este resultado.

Incluso si esta luz natural no ocurre directamente, los primeros resultados empezarán a manifestarse en los sueños. Es posible que te encuentres con sueños extraños. ¿Qué quiero decir con sueños extraños? Tal y como he mencionado anteriormente, normalmente tenemos dos tipos de sueños. El de tipo kármico proviene de las huellas de nuestras dificultades, problemas, memorias y preocupaciones. Luego está el tipo de sueño en el cual nuestra claridad natural se manifiesta. Por ejemplo, hacia el alba, pueden ocurrir sueños de cosas interesantes en las que nunca has pensado, cosas que no tienen relación con las huellas de tu pensamiento y de tu pasado, pero que están más relacionadas con tu claridad. Si has practicado la luz natural, los sueños de claridad natural se manifestarán con frecuencia.

Si insistes en la práctica de reconocer el estado de la luz natural, será progresivamente más fácil repetir el reconocimiento cabal de que estás soñando. En el sueño surgirá una consciencia estable, y entonces sabrás que estás soñando. Cuando miras a un espejo ves un reflejo. Sea bonito o feo sabes que sigue siendo un reflejo. Esto es similar al hecho de saber que un sueño es un sueño, equivale a estar lúcido. Tanto si el sueño es trágico o alegre, sigues siendo consciente de que sólo es un sueño.

Ser consciente de los sueños es una forma de desarrollarse y de romper con los fuertes condicionamientos. Con esta consciencia, uno puede manipular el material de los sueños. Por ejemplo, uno puede soñar lo que quiera o escoger un tema deseado. Incluso se puede continuar un sueño desde el momento donde se dejó en una ocasión previa.

Dentro del sistema tántrico, la práctica específica del yoga de los sueños está orientada hacia una preparación del practicante para el bardo de después de la muerte. Éste no es el caso en el sistema dsogchen. En el sistema dsogchen no es necesario que uno se comprometa a practicar en los sueños. Esto surgirá naturalmente gracias a la práctica de la luz natural. Lo más importante para esta práctica, tal y como la he descrito, es hacer la particular visualización de la ཨ blanca antes de dormir. Llevando a cabo esta visualización usamos el funcionamiento de la mente para al final ir más allá de ella.

La posición en que te encuentres mientras practicas esta visualización no es importante. Mucha gente realiza esta práctica de visualización tumbada en la cama antes de dormirse. Debes saber qué tipo de persona eres. Algunas se duermen simplemente con cerrar sus ojos, mientras que otras necesitan tomar pastillas para dormir.

Pongamos el ejemplo de la persona que se tumba en la cama e inmediatamente cae dormida. Si esta persona llega a distraerse de su práctica por un momento, entonces ya estará dormida. Este es el tipo de persona a quién una posición física concreta puede serle útil. Si el practicante es un hombre, puede serle beneficioso tumbarse sobre su costado derecho. Suponiendo que no tenga un resfriado que obstruya su respiración, puede además serle útil cerrar el orificio nasal derecho con su mano.

Para la mujer, la posición es a la inversa. Una mujer debería tumbarse sobre su lado izquierdo e intentar bloquear su orifico nasal izquierdo. No me refiero a dejar de respirar si se tiene un resfriado. Esto, por supuesto, no sería algo bueno. Lo que normalmente pasa cuando estamos tumbados sobre un costado y la fosa nasal abierta está congestionada, es que se abrirá en unos minutos.

La razón de que la posición es opuesta en el hombre con respecto a la mujer, tiene que ver con los canales solares y lunares[10]. La razón de que adoptemos esas posiciones es para facilitar la entrada al estado de la contemplación, o la consciencia de la luz natural. Si la posición hace que duermas con más dificultad, entonces no está recomendada. Es por eso que he explicado que estas posiciones son primordialmente para la persona que tiende a dormirse fácilmente.

Consideremos por un momento la situación opuesta, la de una persona que tenga verdaderos problemas para dormirse. En tal caso no sería aconsejable este tipo de práctica de visualización ni de adoptar esa posición. Es muy probable que este tipo de persona llegará a ponerse más nerviosa y quizá no duerma en absoluto. Una alternativa para gente de este tipo sería la de observar sus pensamientos. Cualquier pensamiento que surja debería ser meramente observado. Entonces, en este estado de observación de los pensamientos sin llegar a condicionarse o comprometerse con ellos, uno puede dormirse. Mientras no te distraigas, esto es algo que cualquiera puede hacer sin crear obstáculos para dormirse.

Si tienes dificultad en dormir por la noche, existen otras prácticas que puedes emplear para ayudarte. Por ejemplo, tener esta dificultad a menudo significa que necesitas coordinar la energía y la función de los diferentes elementos dentro de tu cuerpo. Si tu energía está desordenada, impedirá que te duermas. En este caso, practicar la respiración profunda repetidamente puede ser beneficioso. Puedes hacer la respiración purificadora en nueve ciclos[11] antes de irte a dormir. También hay ejercicios físicos como la serie de los ocho movimientos[12] encontrados en el *Yantra Yoga* que pueden ayudar a desarrollar tu capacidad para una correcta respiración y además equilibrar tus energías para ayudarte a dormir.

Además existen medicinas tibetanas para asistir a las personas que tengan dificultad para conciliar el sueño. A diferencia de las pastillas para dormir no causan ningún tipo de dependencia u otros efectos secundarios. Estas medicinas, Agar 35 y Vimala[13] pueden usarse durante uno o dos meses, en realidad, tanto tiempo como lo necesites y no causarán ningún tipo de efectos secundarios. Al contrario, te ayudarán en tu salud y a coordinar tu energía. Cuando ya no necesites más la medicina, puedes dejar de tomarla sin síntomas de dependencia o efectos secundarios. Esto es lo beneficioso de estas medicinas.

Si te has habituado a los fármacos convencionales para dormir, puedes al principio alternarlas con las píldoras tibetanas para disminuir la dependencia. Una noche usas la medicina occidental, y la siguiente usas Agar 35. Después de alternarlas por una o dos semanas, podrás dejar de tomar la medicina occidental sin ningún problema.

No debes pensar sólo en la medicina tibetana cuando se trate de conciliar el sueño. Deberías también trabajar con la respiración de la forma mencionada previamente, ya que está muy relacionada con el dormir.

A veces no puedes dormir porque uno de tus tres humores[14] están alterados. Cuando el humor del viento está alterado uno encuentra problemas para dormirse. El viento está relacionado con el prana o energía. Cuando el prana está alterado es difícil dormirse. Para más información sobre esto puedes consultar libros de medicina tibetana. En un libro que escribí[15] sobre el tema hay una explicación sobre los tres humores y de cómo superar los problemas. Por ejemplo, para superar los problemas relacionados con trastornos del viento, es de gran ayuda irse a la cama temprano con ropa caliente y habiendo comido algo, por ejemplo, sopa antes de acostarse. Si no duermes por la noche y si en vez de relajarte trabajas duro hasta muy tarde, o comes verduras crudas, entonces esto puede agravar aún más la situación. Hay muchas cosas que aprender de los libros de medicina tibetana.

Todo está relacionado. Primero intenta estas preparaciones para que puedas dormirte. Si lo has logrado, entonces puedes realizar la práctica de la noche. Si tu situación está entre dormirte inmediatamente, y no ser capaz de dormirte, entonces visualiza una A o ཨ blanca, pero que no sea muy brillante. Si tienes problema en dormirte, no debes visualizar la ཨ blanca demasiado brillante, y además podrías visualizarla dentro de una esfera de cinco colores. Esto facilita el dormirse. Existen muchas clases de personas y muchas situaciones; deberíamos saber sobre todas ellas.

Si uno realiza esta práctica con dedicación, lentamente puede llegar a ser maestro de sus propios sueños. A medida que se tiene más consciencia y más sueños de claridad, soñar llega a ser una práctica. Si eres consciente en el sueño, puedes experimentar muchas cosas dentro del mismo. Es más fácil desarrollar tus prácticas en un sueño que durante el día. Durante el día estamos limitados por nuestro cuerpo material, pero en un sueño nuestras funciones mentales y nuestra consciencia de los sentidos no están escondidas; podemos tener más claridad, por tanto habrán más posibilidades. Por ejemplo, es posible llevar a cabo prácticas avanzadas de dsogchen *thödgal*[16] y de dsogchen *longde*[17]. Si las practicas durante el día puedes tener experiencias de meditación, pero en el sueño puedes tener experiencias más allá de las limitaciones del cuerpo material. Es por esto que la práctica es tan importante. Durante el día todas las experiencias que tenemos están muy condicionadas por nuestro apego y nuestra tensión. Sentimos que todo es concreto. En un sueño podemos inicialmente sentir que todo es concreto, pero entonces de repente recordamos que es un sueño. Cuando eres consciente en un sueño sabes que estás soñando y que además es irreal. Sabes que estás en un estado de irrealidad. Una vez obtengas esta experiencia, puedes además realizar descubrimientos sobre tu vida diaria como tus apegos principales. El resultado último es disminuir tu tensión.

Tal y como he mencionado, si se ha alcanzado suficiente dominio de los sueños, éstos pueden transformarse. Si estoy soñando algo feo, podría transformarlo en algo bonito, podría hacer que el sueño tratase algún tema o argumento que yo hubiese escogido, o podría jugar con alguna fantasía de mi imaginación. Se podría visitar un paraíso o contactar con un maestro. Hay muchas cosas que uno puede hacer; uno puede actuar en el sueño como desee. Esto puede llegar a ser una prueba del progreso que se realice.

Para quienes encuentren difícil tener este tipo de consciencia que he descrito, la práctica del retiro oscuro[18] es muy útil. Después de dos o tres días en la oscuridad, pierdes el sentido del día y de la noche. El dormir llega a ser más ligero cada vez. Duermes y te despiertas, duermes y te despiertas. Este tipo de retiro ofrece una buena oportunidad de desarrollar tu presencia y claridad. En este ambiente puedes descubrir más fácilmente lo que significa tener presencia cuando estás durmiendo. De esta manera tus periodos de dormir y de vigilia llegan a estar integrados.

Normalmente, para un practicante, una de las formas principales donde surgen signos de progreso, es en los sueños. A veces se producen intervenciones en un sueño en beneficio del practicante. Por ejemplo, si estoy haciendo algo incorrecto, puede que tenga cierta comunicación a través de un sueño. Esto puede llegar como forma de transmisión de las enseñanzas. También puede llegar a través de los protectores de las enseñanzas, las dakinis.

Muchos problemas pueden resolverse a través de la transmisión que llegue en un sueño. No puedes esperar a tener un maestro a tu disposición toda tu vida.

Por ejemplo, cuando llevaba aproximadamente tres años en Italia, tuve un sueño de mi maestro Changchub Dorye[19]. En el sueño sentí que realmente había vuelto a Tíbet. Parecía tan real, que de hecho estaba un poco asustado de los chinos. Estaba preocupado, y me dije, "Quién sabe si los chinos me dejarán salir otra vez". Entonces me encontré con mi maestro. Me sentí avergonzado por tener la intención de saludarle rápidamente y salir de allí para volver a Italia. Mi maestro me dijo: "Han pasado muchos años sin vernos. ¿Cómo va tu práctica?". "Bien, bueno, así así". Luego, él me pregunto: "¿Qué práctica estás haciendo?". Le expliqué que estaba haciendo lo mejor que podía la práctica del *tregchöd*[20] aplicada a la vida diaria. "¿No has estado haciendo ninguna práctica del *thödgal*?" continuó. Y le dije: "Bien, no, no he estado practicando el *thödgal*". "¿Por qué no?" me increpó. "Bien", le respondí, "porque usted me dijo que tenía que perfeccionar el *tregchöd* primero, que tenía que conseguir mucha estabilidad. Por eso estoy trabajando para perfeccionar y hacer mi *tregchöd* muy estable". Él continuó, "Bien, ¿tienes alguna duda sobre tu conocimiento del *thödgal*?". A lo que contesté: "No, no tengo ninguna duda, simplemente no he estado haciendo la práctica". "Pues mejor que te pongas a hacerla. Haz la práctica del *thödgal*. Es muy importante", contestó. A continuación le dije, "De acuerdo, eso es lo que voy a hacer de ahora en adelante". Mi guru prosiguió, "Ahora escúchame, si tienes alguna duda sobre togel o algo que no comprendas claramente, ve a preguntar a Jigme Lingpa[21]". Pregunté: "¿Dónde puedo encontrar a Jigme Lingpa?", "arriba en el monte, en su cueva", me contestó. "¿En qué lugar exactamente?", le dije, ya que debéis saber que detrás del poblado donde está mi maestro, hay un precipicio muy escarpado. Cuando solía vivir con mi maestro, subí a esa montaña muchas veces para recoger medicinas. Sabía perfectamente que no había ninguna cueva en su cumbre. Al menos no la había en aquellos tiempos. Entonces se me ocurrió, "Bien, ¿por qué me está diciendo que hay una cueva en la cima?". El maestro se enfureció y me contestó: "Si realmente quieres entender algo, irás allá arriba y encontrarás a Jigme Lingpa en esa cueva".

Así que no discutí más. Sentía mucha curiosidad. Fui y comencé a subir la montaña para buscar la cueva. Una parte de la cara de la roca es blanca, pero en este sueño la encontré un poco diferente de como es realmente. Estaba toda cincelada con innumerables letras que podía leer en tibetano. Parecía como un texto tántrico. Pensé, "Esto es muy extraño. No estaba así antes". "Si continúo subiendo por encima de este texto acumularé muy mal karma". Esta es una manera tibetana de pensar sobre las cosas. Así que con esta preocupación, empecé a recitar el mantra de las cien sílabas[22]. Entonces, poco a poco continué escalando.

En un punto encontré una especie de roca redonda que tuve que escalar; esta roca parecía ser la primera página, con el título del texto de tantra que justo estaba escalando. Se llamaba el *Trödral tönsal nyingpoi gyud*. *Trödral* significa más allá del concepto; *tönsal* significa clarificar el significado; *nyingpoi* significa la esencia. Más tarde descubrí que realmente existe un tantra con ese nombre.

Seguí subiendo y poco a poco llegué a la cima de la montaña donde había una cueva. Me acerqué y miré dentro de la más bien amplia cueva. En el centro había una piedra –cuyo canto blanco, era duro como el granito–. No era una piedra pequeña; era un canto rodado grande. Sentado encima de esta roca, había un niño pequeño. Estaba seguro de que no tendría más de siete u ocho años. Miré a mi alrededor y allí no había nadie más. Me dije; "Esto es muy extraño. Jigme Lingpa vivió hace mucho tiempo. No podría ser un niño pequeño como éste". Mientras tanto el niño pequeño estaba observándome. Pensé; "Ya que mi maestro me dijo que viniese hasta aquí y que me encontrase con Jigme Lingpa, quién sabe, puede que esto sea algún tipo de emanación de Jigme Lingpa, así que será mejor mostrarle mi confianza".

Me acerqué directamente al niño. Vestía una prenda que era como una camisa azul transparente; no llevaba nada más encima. Tenía el pelo largo, pero no lo llevaba recogido como los yoguis. Parecía un niño pequeño normal y corriente. Encontré todo esto muy extraño. Me dirigí hasta estar frente a él, y le dije, "Maestro, Changchub Dorye me ha enviado a ti". El niño pequeño me miró, parecía casi como sorprendido de oír lo que le había dicho. Mirando al niño, empecé a dudar de él, pero me quedé observando lo que hacía. Finalmente me hizo un gesto para que me sentara. Cuando me senté, se puso la mano detrás de su cabeza y sacó un rollo de papel, un manuscrito. Abrió el manuscrito y lo empezó a leer. Cuando leía lo hacía con la voz de un niño pequeño, pero sin dar una explicación o una enseñanza, simplemente leía. Leyó unas cuatro o cinco frases e inmediatamente al oír su voz, me dí cuenta de que el manuscrito era un tantra. En ese momento quedé sorprendido; "¡Oh!, es verdad, es Jigme Lingpa. Era imposible que fuese un niño pequeño corriente porque no podría producir un manuscrito y además leerlo de esa manera". Y con esa emoción, con ese brillante pensamiento, me desperté de mi sueño. Más tarde realicé una investigación elaborada sobre esos textos, y encontré textos específicos en la práctica dsogchen togel. Éste es un ejemplo del hecho de que una relación entre maestro y discípulo existe siempre más allá de las consideraciones de distancia y tiempo. Mi maestro estaba lejos, muy lejos en Tíbet y yo estaba viviendo en Europa.

Estas son algunas de la posibilidades que pueden ocurrir en los sueños mientras se progresa en la práctica.

Si te duermes con la presencia de la A, puedes encontrarte recién despierto por la mañana con la sílaba todavía presente. Puedes asumir entonces que has pasado toda la noche practicando. Como la noche es larga, y no tienes nada más que hacer que dormir, es muy importante utilizar el tiempo. La noche puede llegar a ser, para un practicante, incluso más importante que la práctica durante el día.

El objetivo final de la práctica del sueño es que los sueños lleguen a ser conscientes, y como punto último, que los sueños cesen. Usa tu práctica para que tus sueños influyan en la vida diaria. Ésta es la práctica principal de la noche. Debes tratar de realizar la práctica de la luz natural cada noche, como debes tratar de mantenerte en un estado de contemplación continuada. Para cada mañana, para cada actividad existen posibilidades de realizar una práctica de dsogchen.

Notas

1. Bardo: literalmente, "estado intermedio". Hay seis bardos.

   El primero es el bardo del estado de vigilia ordinario (Tib.: *skye gnas bardo*), es la experiencia de la realidad despierta y consciente tal y como la conocemos.

   El segundo bardo es el bardo del estado del sueño (Tib.: *rmi lam bardo*). Es la experiencia del tiempo soñado mientras se duerme.

   El tercero, el bardo de meditación (Tib.: *bsam gtan bardo*), incluye toda experiencia en meditación, desde la meditación del principiante hasta el logro espiritual total.

   El cuarto, es el bardo del proceso de la muerte (Tib.: *´chi kha´i bardo*), es el proceso en el cual los cinco elementos que constituyen nuestro cuerpo (espacio, aire, agua, fuego y tierra) se disuelven el uno en el otro. Según el *Libro Tibetano de los Muertos*, primero el elemento tierra, que es de color amarillo se disuelve en el elemento agua. La persona que está muriendo tiene una visión amarilla y se siente débil e incapaz de ponerse en pie, como si todo a su alrededor se desmoronase. En segundo lugar el elemento agua se disuelve en el elemento fuego. Interiormente la persona que está muriendo tiene una visión blanca y exteriormente siente como si sus alrededores se inundaran de agua. En este momento la cara y el cuello se sienten secos y se tiene mucha sed. En tercer lugar, el elemento fuego se disuelve en el elemento aire. Interiormente la persona que está muriendo tiene una visión roja, mientras exteriormente sus alrededores arden de calor. La persona puede que sienta un ardor mientras el calor del cuerpo se disuelve. En cuarto lugar, el elemento aire se disuelve en el elemento espacio o éter. La persona que muere tiene interiormente una visión verde y exteriormente experimenta sus alrededores como si estuviesen siendo destruidos por un viento feroz y fuertes truenos. En el quinto estadio, el éter se disuelve en la consciencia, lo fenoménico se oscurece, y momentáneamente se pierde la consciencia, como si fuera un desmayo.

El quinto bardo, (Tib.: *chos nyid bardo*), el bardo de la realidad implica el surgimiento de apariciones parecidas a alucinaciones como consecuencia de las propensiones kármicas de uno. Usando la consciencia meditativa el individuo tiene la oportunidad de reconocer esas imágenes en su verdadera naturaleza ilusoria. Estas visiones alucinadas son similares en su naturaleza a las imágenes en los sueños. De aquí que la capacidad para el sueño lúcido pueda ser útil para entenderlas como una ilusión. Según el *Libro Tibetano de los Muertos*, la experiencia de la Iluminación es posible si se puede mantener la perspectiva de que las experiencias desagradables o amenazadoras no son más que manifestaciones de la misma mente.

El sexto bardo, (Tib.: *sidpai bardo*), es el bardo de la búsqueda para renacer en el samsara, que corresponde a la perspectiva del budismo de Tíbet de la reencarnación. El *sidpai bardo* definirá el proceso por el cual un individuo renacerá en uno de los seis reinos (el reino de los dioses, el reino de los semidioses, el reino de los humanos, el reino de los animales, el reino de los espíritus hambrientos, y el reino infernal), dependiendo del karma. En un paralelismo interesante con la teoría psicoanalítica, la tradición del budismo de Tíbet asegura que el individuo que esté todavía en un cuerpo mental, estará sexualmente atraído hacia el pariente del sexo opuesto, y tendrá aversión hacia el pariente del mismo sexo. De hecho, de acuerdo con la filosofía del budismo de Tíbet, todo lo que pueden ver los seres no encarnados son los órganos sexuales de los que van a ser sus parientes. Esto es quizá el fundamento básico de lo que llamamos el complejo de Edipo.

2. Tantra: literalmente significa "continuación", en el sentido de que a pesar de que todo fenómeno está vacío, sin embargo lo fenoménico continúa manifestándose. Todos los métodos tántricos trabajan con el principio de transformar el pensamiento falso en una percepción pura. Ver *Crystal and the Way of Light*, pág. 30. El vocablo "tantra" también se refiere a los textos en los cuales estos métodos están descritos.
3. Luz Madre: en el dsogchen, uno practica el yoga del sueño o la práctica de la Luz Clara en el momento de empezar a dormir y antes de surgir el sueño. La experiencia de la Luz Clara es conocida como la experiencia "hijo". Si a través de una práctica de meditación o contemplación correcta la Luz Clara ha sido reconocida durante esta vida, entonces en el momento de la muerte el practicante una vez más la reconoce y se integra con la Luz Clara "madre". A esto lo denominamos la unión entre el "hijo" y la "madre". La Luz Clara madre es la luminosidad natural, innata tal y como aparece en su expresión plena en el estado de después de la muerte. Ver John Reynolds, "*Self-Liberation Through Seeing with Naked Awareness*" (Barrytown, N.Y: Station Hill Press, 1989), pág. 153, nota 63.
4. Introducción a la mente natural: En los diversos métodos de introducción a la mente natural, el maestro ayuda al estudiante a desarrollar una consciencia, también llamada *rigpa* o la consciencia intrínseca del estado natural de uno, en referencia a la pura presencia de la mente.
5. *Lhundrub*, quiere decir literalmente "autoperfección". Se refiere al estado o existencia que es perfecta desde el principio y a todo lo que se manifiesta. Estas manifestaciones o reflejos surgen espontáneamente, y son completas en sí mismas. Más concretamente *lhundrub* se refiere a la claridad innata del estado de auto-perfección.
6. Cuerpo de Luz: Tib.: *jalü ('ja'lus)*. También conocido como "el cuerpo de arco iris". Algunos seres con elevados logros espirituales (practicantes de los niveles *longde* y *menngagde* del dsogchen) consiguen transformar sus cuerpos ordinarios en cuerpo de luz en el momento de morir. En este proceso el cuerpo físico se disuelve en su estado natural, que es el de la luz clara. A medida que los elementos del cuerpo se purifican, se transforman desde sus manifestaciones burdas (cuerpo, carne, hueso, etc.) en su pura esencia como los cinco colores: azul, verde, blanco, rojo y amarillo oro. A medida que el cuerpo se disuelve en estos cinco colores, se forma un arco iris y todo lo que queda del

cuerpo físico son las uñas y el pelo. Entre los practicantes de dsogchen del siglo XX que han alcanzado el Cuerpo de Luz, hay que incluir a los maestros y los miembros de la familia de Chögyal Namkhai Norbu, por ejemplo su tío paterno Ogyen Tendzin (Togden).

7. Vajrayoguini: una divinidad de meditación en la forma de Sambogakaya, representando el aspecto femenino de la sabiduría primordial.
8. Yoga del Guru: Unificación con la mente del guru –el maestro de uno–, que es visto como una manifestación de las mentes de todos los seres que han alcanzado la Iluminación. La mente del guru se considera idéntica a la consciencia intrínseca de uno. A través de la práctica del yoga del guru, se reciben bendiciones del guru, para facilitarnos descansar en el estado primordial. Existen formas simples y elaboradas del yoga del guru. En tantra, se encuentra un estilo más elaborado, mientras que en el dsogchen se puede practicar una versión más sencilla.

   Una de las formas del yoga del guru enseñadas con más frecuencia por Chögyal Namkhai Norbu utiliza una ཨ blanca (la "A" tibetana). La ཨ se visualiza en el centro del cuerpo como la unión de todos nuestros maestros. Pronunciando *ahh* y sintiendo las bendiciones de los maestros, se puede entrar en un estado de unión con su consciencia iluminada.
9. Vajradara: Deidad de meditación masculina, a través de la cual Buda Shakiamuni revela las enseñanzas del mantra secreto.
10. Canal solar y lunar: Dentro de los tratados esotéricos tsa-lung encontrados en textos de Anu Yoga de budismo tibetano, hay explicaciones elaboradas de los canales (Tib.: *rtsa*) por los cuales viajan los vientos internos. Los canales solar y lunar se consideran localizados a cada lado del canal central *(uma)*, que es paralelo a la médula espinal. Estos canales solar y lunar representan la energía masculina y femenina. Sus colores –rojo y blanco– y su localización a la derecha y a la izquierda pueden variar según los diferentes tantras.
11. La respiración purificadora en nueve ciclos: (Tib.: *lungro selwa)*. Ejercicio respiratorio llevado a cabo antes de una sesión de meditación (Tib.: *tun*), o antes de practicar el yoga del yantra. En estos ejercicios uno se visualiza a sí mismo inhalando aire puro y exhalando negatividades e impurezas. Se usa como práctica preliminar en la meditación para equilibrar la energía y asentar la mente.
12. Los ocho movimientos: (Tib.: *lung sang)*. Son ejercicios de yoga para purificar el prana o respiración. Los ocho movimientos están descritos en el texto del yoga del yantra, *The Unification of the Solar and Lunar* (Tib.: *Trulkhor Nyida Khajor*), escrito en el siglo VIII por el maestro

Vairocana. Ver Namkhai Norbu, *Yantra Yoga*, de próxima publicación en inglés por Snow Lion Publications.

13. Agar 35 y Vimala: hierbas medicinales tibetanas. Agar 35 está elaborado con treinta y cinco ingredientes naturales; ambos, Agar 35 y Vimala, se toman para el insomnio, para equilibrar el lung y para los desórdenes en la condiciones de los vientos. Estas preparaciones pueden obtenerse por medio de Tibetan Medical and Astrological Institute, Khara Danda Rd, Dharamsala, Dist. Kangra, H.P. 176215, India.

14. Los tres humores: *lung* (aire o viento), *tripa* (bilis), y *pekden* (flema). El equilibrio correcto de esos tres humores está considerado esencial para la salud. Un desequilibrio conducirá a multitud de enfermedades a las que los humanos son propensos.

15. Namkhai Norbu, *On Birth and Life: A Treatise on Tibetan Medicine* (Arcidosso: Italy Shang-Shung Edizioni 1983).

16. *Thödgal*: Después de haber superado perfectamente con éxito la práctica del *tregchöd*, se pasa a practicar el *thödgal*. El *thödgal* carece de utilidad sin una práctica perfecta del *tregchöd* y por tanto es secreto hasta ese momento. *Thödgal* está considerado el método más rápido para conseguir una comprensión total. La práctica del *thödgal* trae consigo la unión de la visión y la vacuidad. Uno continúa desarrollando la contemplación meditativa a través de la visión hasta la manifestación del Cuerpo de Luz. Ver *Crystal and the Way of Light*, pág. 130 y John Reynolds, *Self-Liberation Through Seeing with Naked Awareness*, pág.136, nota 33.

17. *Longde*: Una de las tres series de las enseñanzas dsogchen. Las tres series son: *Menngagde* o series esenciales, *longde* o las series del espacio y *semde*, las series de mente. Estas series de las instrucciones del dsogchen tienen el mismo objetivo final, que no es otro que traer al practicante a una contemplación absoluta. Las series *longde* funcionan específicamente con una introducción simbólica y son ampliamente conocidas como prácticas que te llevan a la contemplación a través de la adopción de posiciones especiales del cuerpo y localizando algunos puntos de presión. Ver Norbu, *The Crystal and the Way of Light,* pág. 116.

18. Retiro Oscuro (Tib.: *mun mtshams*). Es dedicada a menudo a elevadas prácticas de dsogchen, que se conocen como *yangti*. Una práctica que se lleva a cabo en completa oscuridad. A través de la práctica *yangti*, un iniciado que es capaz de mantener la contemplación puede rápidamente avanzar hacia el logro espiritual total.

19. Changchub Dorye: Maestro principal de Chögyal Namkhai Norbu. Changchub Dorye fue un *tertön* y maestro de dsogchen. Él fue el

maestro de quien Chögyal Namkhai Norbu da crédito por haberle introducido verdaderamente al estado dsogchen. Además él transmitió enseñanzas de *semde, longde y menngagde* a Chögyal Namkhai Norbu. Changchub Dorye tuvo un estilo de vida muy sencillo, sin embargo fue un maestro extraordinario que vestía atuendos como los de un campesino. En Nyalagar (Derge) al este de Tíbet, dirigió una pequeña comunidad de practicantes de dsogchen. Además de ser un lama, era médico. La gente llegaba de muy lejos para recibir enseñanzas de darma y también consultas médicas. Chögyal Namkhai Norbu asumió la responsabilidad de ser asistente y secretario de este maestro y le ayudó en sus consultas médicas.

20. *Tregchöd*: Literalmente "disolución de las tensiones". Este término se refiere a la experiencia de relajación total. *Tregchöd* es el método para mantener el estado de *rigpa* en todas las situaciones. *Tregchöd* es la habilidad de cortar el pensamiento dualístico y discursivo en cualquier momento, dirigiendo toda la energía interior de uno hacia la pura presencia.
21. Jigme Lingpa (1729-1798): Reencarnación de Vimalamitra. Fue un gran maestro ñingmapa dsogchen del este de Tíbet. Gran estudioso, reunió y editó el *Longchen Nyingthig*, las enseñanzas recopiladas de Longchenpa. Jigme Lingpa además escribió ampliamente sobre medicina e historia tibetana, y trabajó para el desarrollo de la escuela no sectaria *Rimed* de budismo tibetano antes de alcanzar el cuerpo de luz.
22. El mantra de cien sílabas de Vajrasatva: A través de la recitación de este mantra se purifica el karma negativo y las oscuridades, es uno de los mantras más conocidos del budismo tibetano.

3. *Los Métodos para Practicar la Esencia de los Sueños*[1]

Nota del editor: el material recogido en este capítulo, que resalta las explicaciones previas sobre la práctica de la noche está extraído del libro personal de dsogchen que Chögyal Namkhai Norbu ha estado escribiendo durante muchos años.

Las cinco subdivisiones para cortar con el apego a los sueños son: las explicaciones de cómo practicar la esencia de los canales y el prana, los sueños, el cuerpo ilusorio, la luz clara, y la transferencia. Cuatro de estas subdivisiones, con la excepción de practicar la esencia de los canales y de prana serán explicados en este libro.

La primera subdivisión, no incluida en este capítulo, explica cómo practicar la esencia de los canales y el prana. Esto supone aprender la respiración *kumbhaka*[2] de un maestro cualificado de yantra yoga y recibir la transmisión dsogchen de un maestro capacitado. Es muy beneficioso para el practicante que desea tener éxito en el trabajo sobre los sueños aprenda también cómo controlar el prana.

La segunda subdivisión se expone en este capítulo. Esta sección es la explicación de cómo practicar la esencia de los sueños.

Como ya se ha mencionado, primero daremos un repaso a las preparaciones para la práctica del soñar así como a la práctica propiamente dicha. En cuanto a la preparación, puede ser beneficioso realizar un retiro para practicar en primer lugar la concentración en las seis sílabas y sus purificaciones[3]. Después de haber hecho esta práctica por algún tiempo, pueden aparecer muchos sueños desordenados. La aparición de numerosos sueños desordenados es un signo de que la preparación es completa y que uno puede proceder con la práctica.

La explicación de cómo practicar la esencia de los sueños tiene dos divisiones. Éstas son, primero, la explicación de los métodos para aplicar los puntos esenciales de los sueños y segundo la explicación de los puntos esenciales sobre cómo desarrollar acciones dentro de los sueños.

En cuanto al método de aplicación, todavía existen tres divisiones o subdivisiones esenciales. La primera es examinar los sueños, la segunda controlarlos y la tercera diferenciar y conocer el *pagchag*, las huellas kármicas. Como preparación al examen de los sueños, es aconsejable relajar el cuerpo, por ejemplo, por medio de baños y masaje cada noche antes de acostarse. Uno debe tomar la determinación de progresar en el camino hacia la completa consciencia y lucidez en los sueños y nunca ser distraído ni apartado de este punto de intención principal: "voy a hacerme consciente de mis sueños".

Se puede utilizar una de las posiciones mencionadas previamente para facilitar esta práctica. Así, el practicante se tiende sobre su costado, el lado derecho tiene que ver con la claridad y el izquierdo con la vacuidad para los hombres mientras que para las mujeres es a la inversa. Hay que cerrar la fosa nasal correspondiente con un dedo de la mano que permanece debajo de la mejilla. Puesto que el lado izquierdo es el que dirige o permite que opere el vacío y el lado derecho ayuda a que opere la claridad, es preferible inicialmente que los hombres se tumben sobre su costado izquierdo promoviendo así la claridad, haciendo que el lado derecho permanezca sin obstáculos, y viceversa para las mujeres. Más tarde, a medida que la práctica adquiera estabilidad, la posición no tendrá importancia.

Si no hay claridad, y no se ha tenido ningún sueño es que hay un problema; el sueño es demasiado profundo. En este caso, uno debe elevar la cama o la almohada o dormir con una luz encendida o con una ventana abierta. También se puede intentar de utilizar menos coberturas en la cama, permitir que entre más aire en el dormitorio o dormir en un lugar más abierto. Si a pesar de ello los sueños aún no aparecen se puede experimentar durmiendo de cualquier forma que uno encuentre confortable tanto si es sobre el costado derecho como el izquierdo.

No obstante, si los sueños todavía no son claros hay que visualizar un *thigle* blanco creciente resplandeciente localizado en el tercer ojo, en la frente. Si todavía no aparece nada, visualizar la sílaba semilla blanca con una radiación aumentando su brillo cada noche. Gradualmente, concentrando la mente de esta forma, cualquier sueño que surja será claro. Si a causa de esta concentración, resulta difícil dormirse, entonces hay que visualizar la letra ཨ roja en la garganta. Si eso resulta difícil una bola roja será suficiente. Si todavía no recuerdas los sueños visualiza la letra o la semilla roja aumentado de luminosidad sucesivamente cada noche.

Con todo, si persiste la dificultad piensa en una semilla blanca en tu frente. Estas concentraciones deben realizarse solamente si no se recuerdan los sueños.

Si eres capaz de dormirte en este estado de concentración, los sueños que surgirán, sin duda, serán claros. Tus sueños también estarán más asociados con la claridad y poco a poco desarrollarás una gran alerta.

Habiendo examinado los sueños de esta forma, podemos ahora empezar a controlarlos. Si nuestros sueños son claros pero no permanecemos lúcidos en el estado del sueño, con gran determinación hay que entrenar la mente pensando en que todas "las percepciones del día son un sueño". Continuamente recuerda que todo lo que ves y todo lo que haces no es más que un sueño. Al ver todo lo que haces durante el día como si fuera un sueño, los sueños y la consciencia se mezclan completamente. Si te concentras suficiente durante el día imaginando que estás viviendo en un sueño, entonces durante la noche el mismo sueño parecerá menos real. El sujeto que experimenta el sueño es la mente. Teniendo el pensamiento de que todo es un sueño, empiezas a disolver este "sujeto". En otras palabras, la mente empieza a disolverse de forma natural.

Expresándolo de otra manera, cuando el objeto o la visión se disuelve, la acción retorna hacia el sujeto causando su disolución completa. Así, tanto la visión como el sueño ya no existen más.

Se descubre que el sujeto no es concreto y la visión sólo es un "reflejo". Así, uno se hace consciente de la verdadera naturaleza de ambas. La visión creada por el karma y el "rastro" psíquico o impresión de fondo, es el origen de todas las ilusiones. Si surge la consciencia auténtica de la realidad ilusoria, se llega a la desaparición de la "realidad sólida". Llegar a esta realización significa tener la comprensión verdadera del estado de vigilia y del estado de los sueños.

Por lo tanto, antes de dormirte continúa concentrándote bien en la ཨ roja en la garganta. Mantener tu atención así antes de dormirte induce a que el lung o el prana se fije ahí gracias a esa concentración. Después, una vez te has dormido sin haberte mantenido despierto o distraído por la visualización de la letra ཨ roja radiante en la garganta, los sueños serán reconocidos como sueños. En relación con este proceso, cuando aparecen pesadillas con asuntos que dan miedo como inundaciones, incendios, perros agresivos u otros animales, enemigos, precipicios, etc., debido a este sobresalto puedes volverte lúcido de repente y pensar "esto es un sueño". A esto se le denomina "reconocer un sueño a la fuerza" o "diferenciar el sueño por medios violentos". Conseguir la lucidez de esta manera es relativamente común; una vez hayas obtenido este reconocimiento y te hayas familiarizado con la lucidez puedes reconocer todos los sueños tanto si el contenido es bueno como si es malo.

Después de que se pueden reconocer los sueños mientras se sueña, hay que adiestrarse con determinación, con todos los objetos mentales del día para poder manifestar mágicamente diferentes tipos de visiones. Por ejemplo, se pueden manifestar todo tipo de figuras divinas apacibles, alegres o iracundas igual que una variedad de seres por medio de la fantasía. De la misma manera que uno se adiestra con estos objetos mentales durante el día, se puede desarrollar la habilidad de manifestarlos con claridad durante los sueños en la noche.

Además, uno continúa entrenándose con los objetos mentales durante el día. Hay que practicar transformando deidades en *nagas* (seres parecidos a serpientes), *nagas* en deidades, hombres en mujeres, mujeres en hombres, cosas grandes en cosas pequeñas, cosas pequeñas en cosas grandes, color blanco en color rojo, color rojo en color blanco, uno en muchos, muchos en uno, etc. Finalmente se pueden manifestar con claridad estos objetos del día durante los sueños de la noche.

La concentración intensa en un tema o en un sujeto conducirá a que surja un sueño. Si quieres soñar con una deidad tibetana, por ejemplo, piensa en esa deidad concentrándote intensamente en ella. El continuo progreso en el trabajo durante los sueños, incluso cuando se ha alcanzado la consciencia lúcida, depende en gran medida de las actividades del día.

Conociendo la verdadera naturaleza del sueño podrás finalmente transformarlo. Si sueñas con una serpiente, por ejemplo, una vez reconozcas que estás soñando, debes transformar la serpiente en cualquier cosa que desees, tal vez en un hombre. Así no es el sueño el que dirige al soñador, sino el soñador el que dirige al sueño. Cuando hayas sido capaz de cambiar el sueño, desarrolla tu habilidad todavía un poco más cambiando los elementos del sueño, por ejemplo, colocar lo que está en el este en el oeste, multiplicar o condensar los elementos, dar la vuelta a las cosas, colocar arriba las cosas que están abajo o hacer que las cosas grandes sean pequeñas. Este proceso, aplícalo no sólo a las formas sino también a las sensaciones. Si sueñas con algo agradable transfórmalo en algo desagradable. Sistemáticamente da la vuelta a todas las cosas. En medio de esta transformación intencional pueden surgir imágenes espontáneas. Por ejemplo, si estás soñando que estás en un bosque y escoges cambiar la situación y colocarte en un desierto, algunos de los objetos que surgen pueden ser diferentes de lo que tú tenías interés en proyectar. A medida que uno progresa y es capaz de mantener la alerta en la meditación, las experiencias de claridad surgirán de forma espontánea.

Después de esto, se continúa el entrenamiento viajando fantasiosamente a cualquier lugar que nunca hayas visitado antes, incluyendo los reinos puros. Con este entrenamiento, se puede viajar a esos lugares en sueños, durante la noche. También puedes adiestrarte imaginando encontrarte con gente sin entrar en consideraciones de que las conozcan o no, involucrarte en toda clase de conversaciones sobre temas que pueden ser de interés para ti. También se puede viajar a cualquier reino puro y encontrarse con muchos maestros y *rigdzins*, tantos si los ha encontrado antes como si no, y recibir todo tipo de enseñanzas profundas e instrucciones de ellos. Con un entrenamiento sincero y con gran diligencia se puede conseguir una gran habilidad en la práctica del soñar.

El tercer método para aplicar los puntos fundamentales de los sueños pertenece al método de conocer las huellas kármicas en los sueños. Si durante la noche, uno sueña predominantemente con lugares y cosas por las que uno ha sentido apego, estos sueños son básicamente debidos a impresiones kármicas de anteriores apegos. Si surgen muchísimas imágenes del pasado como de la infancia, por ejemplo, o incluso de otras vidas, se puede afirmar que los sueños están siendo influidos por el "rastro" psíquico o impresión de fondo de estas imágenes. En este caso la transformación de los sueños puede ser un poco más difícil. Por otro lado, si las huellas kármicas de los sueños previos es debil, será muy fácil transformarlos.

Si los sueños que uno tiene son, por lo general, sobre circunstancias actuales, entonces, a causa de que uno puede analizar las huellas kármicas del sueño es muy fácil transformar el sueño. En este caso, entrenarse es relativamente sencillo y se puede ser un experto incluso en tres o cuatro días.

Por otro lado, si en los sueños predominan viajes a lugares desconocidos o el encontrarse con gente que no resulta familiar, puede ser difícil ponerles fin o agotar el estado del sueño. Estos tipos de sueños suponen una dificultad para ser transformados. Además, si uno sueña una mezcla confusa de los tres aspectos mencionados anteriormente, esto es debido al apego hacia los objetos mentales experimentados previamente, mezclados con algunas circunstancias actuales y cosas poco familiares. A esto se lo define como "la unión de los tres tipos de huellas kármicas (*pagchag sumdu*)". En esta situación es muy difícil conseguir cortar de una forma definitiva a través de los sueños. Es una indicación de que el proceso de trascender el estado del sueño será largo y extremadamente difícil. Si nos encontramos con obstáculos que impiden la superación final de los sueños debemos establecer un propósito, una determinación más profunda.

La segunda subdivisión de cómo practicar la esencia de los sueños explica los puntos esenciales sobre realizar acciones dentro de los sueños. Tiene ocho subdivisiones, estas son los métodos para entrenarse, transformar, disolver, desordenar, estabilizar, esencializar, sostener e invertir los sueños.

Entrenarse

Durante el día, al entender la naturaleza de los sueños, hay que transformar cualquier manifestación de lo que se ha soñado durante la noche previa en varios objetos mentales diversos. Entrena la mente en que todas las manifestaciones externas no son reales y mira directamente hacia la naturaleza esencial de quien está haciendo el entrenamiento. Es muy importante dejar cualquier cosa que se manifiesta en su esencia desnuda, más allá de cualquier origen o fundamento.

Reconocer que cualquier cosa que se manifieste es su propia automanifestación sin ningún punto de referencia, sin existencia, sin fundamento y sin identidad. Al entrenarse así, uno se familiarizará con esta práctica y cualquier fenómeno que se manifieste de una manera concreta, solamente se considera como una ilusión, un sueño que surge de uno mismo, una percepción kármica ilusoria del karma y de las huellas kármicas y de los apegos engañosos, todo lo cual se disuelve en su propia naturaleza.

Además, al soñar durante la noche, no habrá distracciones. Así, día y noche nunca nos separamos del chakra de la condición real.

Transformar

Para la segunda acción, el método de transformar los sueños, hay dos subdivisiones. La primera es el punto esencial para transformar los sueños en manifestaciones. En vistas a esto, durante el día, hay que utilizar la ayuda de un espejo. Hay que entrenarse para transformar el reflejo de uno mismo en otro. Por ejemplo, transformar todas las manifestaciones en figuras divinas, etc. Este ejercicio te asistirá para transformar los sueños durante la noche, y poco a poco tu capacidad de transformar será más completa. Por ejemplo, empezando por reconfigurar los objetos de los sueños en animales se descubrirá la capacidad para cambiar cualquier manifestación en mandalas de deidades como reinos puros, o los ocho ejemplos de engaño, etc.

A continuación, se exponen los puntos fundamentales para transformar los sueños en vacuidad. A medida que se continúa hacia el dominio del estado del sueño, la técnica principal que se sigue es mezclar las visiones del día con los sueños. Hay que llevar continuamente la propia alerta hacia los sueños que tienes. Tan pronto surge el sueño, instantáneamente sé consciente de que es irreal. También hay que traer este mismo reconocimiento de irrealidad hacia las percepciones del día. A medida que desarrollamos nuestra consciencia de la naturaleza del sueño, podemos usar los sueños para fomentar nuestra consciencia meditativa. Por ejemplo, un meditador que conozca la naturaleza de la "visión" (de la existencia fenoménica) encuentra su vacío. Esta percepción de la vacuidad de la visión puede transferirse al sueño. Si, mientras sueñas, no sólo eres consciente de que estás soñando, sino también de que toda la experiencia es una ilusión, penetras en el corazón del vacío. Así, un sueño puede ser transformado en el conocimiento de la vacuidad, *shunyata*.

A medida que la meditación se estabiliza, las manifestaciones engañosas de la existencia durante el día se vuelven vacías al momento, como nubes que desaparecen en el cielo o humo que se desvanece en el espacio. Todo esto se lleva al estado del soñar. En tus sueños, serás capaz de manifestar la vacuidad más allá de los pensamientos. Continúa el entrenamiento de la mente con esta práctica de atención para comprender que ninguna manifestación externa es real. Deja de lado cualquier manifestación en su esencia desnuda, más allá de su origen, más allá de cualquier punto de referencia o fundamento.

Disolver

La siguiente subdivisión de la acción es el método para disolver los sueños. Durante el día, uno no considera las manifestaciones de los sueños como reales y cuando se está soñando se mantiene la lucidez. A pesar de que la consciencia de la verdadera naturaleza del sueño puede fortalecer la consciencia meditativa, también existe el peligro de que al desarrollar la habilidad de transformar las imágenes de los sueños brote el apego. Este apego debe ser superado. Sin sentir orgullo por la habilidad de entrenarse y transformar se debe acabar con el apego reconociendo la no realidad y la insustancialidad de todo lo que surja.

La forma principal de eliminar el apego con la experiencia del sueño es triple. En primer lugar, durante el día, no te quedes en los sueños que has tenido. En segundo lugar, mientras estés soñando, observa sin juzgar, sin placer o miedo, sin consideraciones de que el sueño sea positivo o negativo con lo que puede provocar alegría o infelicidad, es decir, apego. En tercer lugar, mientras sueñes y después del sueño, no "diferencies" lo que es "sujeto" de lo que es "objeto", es decir, no consideres cuál de la imagen que ha aparecido es real. Al proceder de esta manera, encontrarás que los sueños más complejos normalmente se simplifican, se vuelven más ligeros y finalmente pueden desaparecer por completo. Así, todo lo que era condicionado será liberado. En este momento los sueños cesan. Externamente, la presencia de uno no se apega a la manifestación. A nivel interno, la presencia instantánea de uno mismo tampoco se apega a los reflejos que manifiesta directamente. Sin ser condicionado por los conceptos de conectar la dualidad de la manifestación y la mente, más allá de sujeto y objeto, uno encuentra la relajación en la profunda y espaciosa radiante y autoluminosa *rigpa* sin fabricación mental o cualquier otra cosa.

Al progresar con la práctica, al principio, los sueños son muy burdos, luego más sutiles, después rastros de sueños olvidados, más adelante los sueños son cada vez más sutiles y finalmente no hay sueños. Cuando no hay sueños, incluso al dormir, se manifiestan vívidas apariencias como las percepciones del día se manifiestan a los sentidos del individuo. Integrando el dormir con la luz clara se mora en la dimensión más allá del apego a cualquier apariencia.

Desordenar

Para la explicación del método de desordenar los sueños, "desordenar los sueños" significa trabajar con la energía de los sueños. Transformar las manifestaciones del este, en un momento en particular, en el oeste, y transformar las manifestaciones del oeste en las del este. De forma similar, al entrenarse en desordenar en un estado indefinido todas las categorías posibles de cosas que pueden ser percibidas como desordenar la alegría en tristeza, lo no conceptual en lo conceptual, lo conceptual en lo no conceptual, etc., será más fácil de hacerse experto en el desordenamiento de los sueños. También al desordenar en un estado indefinido las configuraciones del prana y de la mente en la localización de los cuatro o cinco chakras, se puede conseguir con rapidez una gran destreza en desordenar los sueños.

Estabilizar

El punto esencial para explicar el método de estabilizar los sueños es como sigue. Estabilizar significa "establecer del todo". Los canales son estabilizados cuando el cuerpo permanece en la postura de dormir del león según uno sea hombre o mujer. La mente se estabiliza con la visualización de la ཨ roja en la garganta. Los sueños son estabilizados cuando se duerme sin ser distraído por otros pensamientos. Entonces, aunque se duerma, sin caer bajo el poder de las consideraciones dualistas, como en el caso de ciertos aspectos manifiestos de la experiencia o algunos aspectos de la experiencia de la consciencia, se permanece al desnudo en la esencia básica de la experiencia, sin estar atado por las cadenas del apego. Así, se afirma la estabilización en el momento exacto de la percepción directa que reconoce el preciso estado de liberación al desnudo.

Esencializar

La técnica especial para manifestar los sueños lúcidos es a la hora de dormirse visualizar la letra ཨ en el centro de la garganta y quedarse dormido en esta dimensión mientras se controlan los canales.

En este momento, todas la manifestaciones son integradas en el estado de la comprensión. Sin distracciones, uno practica "liberarse en el surgir" con todas las apariciones de sueños y todas las experiencias del día que ocurren de forma imparcial en series sin fin.

Sostener

La siguiente acción, el método de sostener los sueños, es una instrucción oral muy preciosa para todos los sueños. Para poder entrar en la estructura pránica del *thigle*, se espira suavemente mientras se permanece en la posición del león. Se imagina que mientras se espira por la nariz todo el Universo; samsara y nirvana, se disuelven a través de la nariz en el chakra del corazón, y el prana es mantenido en el interior. A continuación visualizando la sílaba tibetana HAM en la cabeza y *thigles* descendiendo de ella, todas las manifestaciones se derriten libremente en el gozo.

Se visualiza el estado primordial de *rigpa* como una ཨ blanca radiante y refulgente dentro de un *thigle* de cinco colores como el hermoso reflejo en el espejo del propio corazón. Se medita manteniendo la mente concentrada tanto tiempo como sea posible en este estado pleno donde se practica con la irrealidad de los sueños que nos liberan mientras surgen.

Invertir

Por último, el método de *invertir* los sueños. Fijando la mente en una ཨ roja clara en una dimensión como de una tienda en la mitad del chakra de la garganta, uno se duerme manteniendo el prana y la energía luminosa en la garganta. De esta forma, se invierten todas las manifestaciones desde el chakra del corazón hasta el chakra de la garganta. En este momento, sin centrarse en nada, se entra en la dimensión primordial, la condición prístina natural del espacio expansivo. Morando en la pureza de la vacuidad primordial todas las manifestaciones van más allá de los conceptos hacia la condición real y todas las apariencias del día, los sueños, las opiniones, las meditaciones, son dejadas libremente.

Cuando se experimenta esto, incluso aunque el marco de referencia del practicante puede que no sea perfecto, las personas con una capacidad superior pueden detener la continuación de los sueños. Las personas con una diligencia media son capaces de disolver rápidamente los sueños y los de menor diligencia, después de cambiar todos los sueños en buenas tendencias kármicas, finalmente también son capaces de detener la continuidad de los sueños.

Los practicantes, al principio tienen muchos sueños, algunos de los cuales tienen una cualidad muy clara. Gradualmente, con la práctica, los sueños disminuyen, desde el principio, aquellos de una diligencia superior tienen sueños cuya cualidad es cada vez más sutil y más ligera. Los de diligencia media tienen sueños muy claros desde el principio mientras que los de menor diligencia, inicialmente tienen sueños poco claros que gradualmente se hacen más claros.

Progresivamente, primero se desarrolla la capacidad de desarrollar lucidez dentro del sueño. En la fase intermedia se desarrolla la capacidad de cambiar los sueños con tendencias kármicas positivas. En los estadios más avanzados, el practicante deja de soñar; el dormir se hace indeferenciable de la luz clara y todos los sueños se disuelven en ella. Esta fase se llama "los sueños se disuelven en la luz clara".

Notas

1. El Tantra raíz *Dra Thalgyur* afirma: "Para practicar la esencia de los sueños hay dos cosas a tener en cuenta; lo que hacer al principio y establecer los puntos esenciales. Lo que hay que hacer al principio es entrenar el cuerpo, la palabra y la mente. Dependiendo de los signos de habilidad, uno se da cuenta de los sueños, los controla y reconoce las tendencias kármicas".
2. La respiración kumbhaka tiene que ver con retener la respiración de una manera particular para asistir al movimiento de los aires internos hacia el canal central. Instrucciones para este tipo de respiración forman parte del sistema del yantra yoga.
3. La concentración en las seis sílabas y sus purificaciones: las seis sílabas *ASU NRI TRI PRE DU* son cada una de ellas el símbolo de un reino de existencia, que incluyen a los dioses, semidioses, humanos, animales, espíritus famélicos y seres del averno. Las tendencias kármicas para renacer en uno de estos reinos samsáricos, que tiene su origen en las acciones impropias deben ser purificadas. La meditación en las seis sílabas sirve para unir el *lung* (prana) y la concentración de la mente para purificar esas tendencias. Las prácticas específicas de concentración en las sílabas emplean la visualización y el mantra dirigidos a puntos específicos del cuerpo donde se cree que se concentran sus características.

4. El Cuerpo Ilusorio

La siguiente explicación de la tercera subdivisión de las prácticas de meditación para eliminar el apego a los sueños: el método para practicar la esencia del cuerpo ilusorio[1].

Para desarrollar el cuerpo ilusorio es necesario tener experiencias que se basan en la práctica de los sueños. Para proceder durante el día, a causa de que las apariencias de todos los fenómenos internos y externos que surgen como los diversos reflejos en un espejo, no son más que las manifestaciones de la vacuidad radiante que no tienen una naturaleza propia intrínseca, no hay nada que uno debe considerar como realmente existente. A través de una intención sin distracciones, que considera que todos los fenómenos inanimados y animados son manifestaciones del engaño y reflejos, se medita en que cualquier cosa que se manifieste es una ilusión o un reflejo. De modo particular, cada reflejo surge "como dentro de un espejo", cuando nos vestimos, cuando nos adornamos con joyas, cuando hacemos alabanzas, o cuando decimos cosas desagradables, etc., es únicamente la forma de esto o aquello la que surge en el espejo y no puede producir ningún beneficio o daño. De forma última, uno es capaz de experimentar con toda certidumbre que nada existe realmente. De forma similar, se entiende que el sí mismo y los otros, el enemigo y el amigo, la comida y las ropas, lo agradable y lo desagradable, la alegría y la tristeza, el apego y la aversión; cualquier fenómeno del samsara o nirvana que surja, cualquier cosa que se perciba, cualquier cosa que se manifieste, todo es comprendido en el momento de su manifestación como que no tiene esencia, como el reflejo en un espejo. A causa de esto, la no realidad de las manifestaciones engañosas y la naturaleza de la ilusión se perfeccionan en nuestras vidas. Nuestro propio cuerpo es entonces experimentado como un cuerpo ilusorio y sin dificultad, se puede reconocer el cuerpo ilusorio del bardo.

Durante la noche, entender que todas las manifestaciones son sueños porque uno practica con diligencia para comprender que todos los fenómenos animados e inanimados del Universo tienen la naturaleza de la ilusión o de los sueños, todas las manifestaciones engañosas del nacer y de la muerte, de la negación y de la afirmación son reconocidas como sueños e ilusiones. Así pues, cuando se es capaz de manifestar todo esto en un sueño, uno se vuelve libre del apego a cualquier fenómeno que se manifieste en cualquier parte.

Practicado de esta manera día y noche, se deja de estar apegado a las manifestaciones engañosas de la realidad, el propio cuerpo se manifiesta como un cierto tipo de sombra inmaterial, y uno es capaz de ver su no existencia. El propio cuerpo no deja sombra, se puede reconocer el cuerpo ilusorio del bardo, y el siguiente renacimiento será en un reino superior.

Notas

1. En Tantra raíz *Dra Thalgyur* afirma: Se practica con el cuerpo ilusorio de los sueños. Perfeccionando esto, el cuerpo físico de la persona se manifiesta como cierto tipo de sombra. Y a causa de esto, el cuerpo del bardo es reconocido como siendo uno mismo.

5. La Práctica Esencial de la Luz Clara

Nota del editor: Cuando una práctica particular debe realizarse en un tiempo determinado, como al "atardecer" o a "medianoche", es importante comprender que esto es un término relativo que tiene que ver con el propio ciclo del dormir de una persona más que con el tiempo específico de una jornada. Por ejemplo, cuando a alguien se le dice que debe realizar la práctica al atardecer, esto puede entenderse como queriendo decir que debe realizarse en cualquier momento antes de irse a dormir; esta práctica no se restringe a las horas de la tarde solamente.

Los métodos para practicar la luz clara están relacionados con las cuatro divisiones del tiempo: día, tarde, medianoche y amanecer.

Las explicaciones de las prácticas del día incluye métodos para la contemplación y para el después de la contemplación. Aquí, explicaremos el método para practicar la contemplación durante el día.

Siéntate con las piernas cruzadas en un asiento confortable. Durante un breve tiempo, concentra tus ojos en el cielo sin moverlos. Entonces tu consciencia se vuelve clara y lúcida. Dirige tus ojos hacia abajo, mira al frente y surgirá una experiencia meditativa fresca. Cuando uno reconoce esta experiencia y se relaja en este estado, se manifiesta la presencia instantánea en su aspecto de claridad como un espacio autoluminoso. A esto se le denomina "la luz clara de la lucidez". Cuando uno se familiariza con este estado, se experimenta la luz clara de la lucidez en donde las manifestaciones de la experiencia perceptiva y de la mente surgen unificadas en el espacio, más allá de los conceptos, sin interrupción.

Según las circunstancias, a veces ocurren experiencias como el pensamiento "existo en el espacio del cielo" o "mi cuerpo y mi mente están diferenciadamente separados". En este momento, se manifiestan innumerables objetos como arcoiris, *thigles* y visiones de deidades. Ese deslumbre inherente de la claridad de los cinco pranas es conocido como "la luz clara de los colores externos".

Por medio de la luz clara de los colores externos, es posible percibir con claridad los átomos y los órganos internos del propio cuerpo. Es posible percibir visiones similares durante el día y la noche, el interior de los cuerpos de otros, los reinos puros, lo que están haciendo los seres que viven en aldeas, y seres que están muriendo y renaciendo.

Para integrar la contemplación con el dormir, retén amablemente el prana[1] mientras estás tumbado en la posición durmiente del león[2]. Sin cerrar los ojos[3], se duerme con una mente concentrada en la esfera radiante de cinco colores dentro del propio corazón. Cuando las manifestaciones externas se van apaciguando, existe una consciencia no conceptual brillante en el intervalo entre el dormir y el soñar que reconoce la luz clara. Dormirse en esa dimensión, más allá del sopor de la inconsciencia, el dormir se manifiesta como luz clara.

Por otra parte, no existen sueños y la consciencia permanece lúcida de forma natural en el estado de contemplación. Cuando uno se duerme, mantiene una consciencia incesante de todos los aspectos de la forma, el sonido, y el olor que te rodean, y a causa de esto, cuando se tiene poca experiencia se puede despertar fácilmente del sueño. Existe una claridad natural de los aspectos de la manifestación, aparte de la cesación de los juicios sobre las manifestaciones del día.

Además, con la cesación de las consciencias mentales de los seis sentidos, existe una claridad incesante de las consciencias sensoriales de los cinco órganos de los sentidos. Cuando la consciencia mental se disuelve en la luz clara, el prana entra en el canal central[4]. A causa de que las cinco consciencias sensoriales no son conceptuales no se apegan a las manifestaciones. Esto se conoce como "la luz clara de la lucidez más allá de los conceptos".

Cuando esto ocurre, con la existencia de la condición de la contemplación de la luz clara de la sensación, y la existencia de la manifestación incesante de la luz clara de la claridad, la luz clara más allá de los conceptos existe de forma natural en esta condición libre de los pensamientos discursivos. A causa de esto, cuando la luz clara de la base natural se integra, más allá de la dualidad, con la lucidez natural del hijo en la dimensión de la pureza primordial, una claridad más profunda se manifiesta en la claridad primordial. A esto se le denomina "la luz clara que integra madre e hijo[5]".

Naturalmente, la luz clara de la sensación es aparente y mora en la unificación con la alegría nacida espontáneamente. La luz clara de la lucidez se manifiesta cuando la contemplación se mantiene totalmente integrada durante todo el día y toda la noche. Y la luz clara más allá de los conceptos existe cuando los actos conceptuales de la mente se disuelven de forma natural. En esas ocasiones, este marco es claro, con lo cual es fácil comprender el significado. Aunque existe en otras ocasiones, es difícil de reconocer.

Ya que la luz clara de la sensación permanece inseparable de la contemplación, las manifestaciones acarrean la experiencia del gozo infinito.

Las experiencias de la luz clara de la lucidez incluyen manifestaciones de humo, espejismos, destellos, niebla, relámpagos, apariencias de cinco colores, *thigles*, figuras divinas, seres conscientes y la capacidad de ver directamente muchos reinos puros. Se puede ver a través de las formas que permanecen bloqueadas por sustancias burdas concretas como edificios o montañas, y se tiene la habilidad de penetrar objetos como edificios y tapias. Se puede conseguir el ojo incondicionado, y varios conocimientos supranormales.

La luz clara más allá de los conceptos se mantiene completamente integrada con la contemplación día y noche. Cuando se percibe cualquier manifestación, ésta se disuelve sin conceptos. Cualquier cosa de la que se hable carece de categorías y se disuelve sin conceptos, y se manifiestan todo tipo de experiencias como la sensación de permanecer siempre en la dimensión del espacio.

A continuación el método de la práctica del después de la contemplación durante el día: "Después de la contemplación" significa surgir de la contemplación. Cuando se sale del estado de contemplación, las manifestaciones externas son los aspectos insustanciales de los cinco colores. Seres sentientes árboles frutales, elementos y cualquier manifestación que se manifieste es percibida como apareciendo con claridad a pesar de que realmente no son nada, como el reflejo de la luna en el agua. Son vistas como siendo de la naturaleza de los ocho ejemplos de engaño. Son vistas como siendo vacías, de forma natural, como el espacio. Experimentando e integrándose con esas manifestaciones, uno se adiestra en un estado más allá de los conceptos sin apegos a las manifestaciones de la claridad vacía.

A continuación el método de condensar los sentidos en los puntos esenciales al atardecer: Siéntate con las piernas cruzadas. Visualiza una serie consecutiva de ཨ blancas en el canal central desde su extremo inferior hasta la apertura superior de Brahma. Todas estas letras se disuelven gradualmente una en la otra desde la parte inferior a la parte superior. A continuación, todas se disuelven en una ཨ blanca, que es visualizada en el pequeño orificio en la parte superior de la cabeza. Al final, incluso esta ཨ se disuelve en el espacio del cielo, y uno se relaja, liberando la mente en ese estado.

A continuación el método de colocar objetos en un vaso a medianoche: Túmbate en la posición del león. Visualiza una lámpara de cinco colores en el centro de tu propio corazón, o visualiza una ཨ blanca radiante rodeada por un *thigle* de cinco colores. Relájate en esa condición y duérmete.

A continuación el método de irradiar sabiduría al amanecer: Mira directamente frente a ti con la mirada inamovible del león. Mantén la mente en la visualización de una ཨ blanca flotando en el cielo a la distancia de una flecha de la coronilla de tu cabeza.

Primeramente, enfoca tu mente en la radiante y después relájate en esta condición de modo que la ཨ desaparece en su propia naturaleza. Aunque no existen movimientos de pensamiento, todavía se manifiesta una claridad lúcida y uno se relaja en ese estado de contemplación.

El tantra raíz *Dra Thalgyur* resume la práctica de la luz clara:

Con los cuatro tiempos externos el practicante ejerce el cuerpo físico. Lo esencial es sostener los canales en sus orígenes. Con los cuatro tiempos internos el practicante practica con la voz. El punto esencial es interrumpir el río de la expresión. Con los cuatro tiempos secretos el practicante se ejerce con la mente. El punto fundamental es familiarizarse con el dormir. Con los cuatro tiempos de la condición esencial después de unificar cuerpo, voz y mente uno integra la luz clara total con el dormir. Haciéndote familiar con éstos uno se unifica con los *kayas*. ¡Practicante!

Notas

1. El método para retener el prana de forma suave se explica en la sección 3.2.7.3 página 51 en la versión inglesa de Chögyal Namkhai Norbu del libro "*The Precious Vase: Instructions on the Base of Santi Maha Sangha*" (Arcidosso, Italy: Shang Shung Edizioni, 1999).
2. "La posición durmiente del león" significa que los hombres duermen sobre su costado derecho dejando el lado izquierdo abierto. Las mujeres se tumban en el lado izquierdo dejando el lado derecho abierto.
3. Antes de quedarse dormido el practicante entra en el estado de concentración con todos los sentidos completamente abiertos.
4. Las cuatro cualidades del canal central son: derecho como el tallo de la familia del banano, fino como el pétalo de un loto, azul como un cielo sin nubes, y luminoso como una lámpara de aceite de sésamo. Otro método para concentrar el prana en el canal central, se describe en la nota 321 de la página 280 del "*Precious Vase*".
5. "Madre" se refiere a la experiencia de un practicante que está más allá de cualquier referencia. "Hijo" se refiere a las experiencias de un practicante que todavía permanece kármicamente ligado al cuerpo físico.

6. *Sueños de Claridad*

Desde muy temprana edad, Chögyal Namkhai Norbu ha tenido una capacidad excepcional para el yoga de los sueños. Los tres sueños siguientes, extraídos con su permiso de su archivo, ilustran ejemplos extraordinarios de "claridad" dentro del Estado del Sueño.

Primer Sueño

Cuando tenía ocho años, en el doceavo mes del año del perro de fuego, 1946, fui invitado por mi tío materno[1] Khyentrul Rimpoché Jigdral Thubten Chökyi Gyatso, también conocido como Jamyang Chökyi Wangchug y Pawo Heka Lingpa. Así pues, viajé a Derge Zulkhog Galing[2]. En presencia de Drubje Lama Rimpoché Kunga Palden[3], recibí el *Yeshe Thongdrol*[4], la iniciación y las instrucciones de Kunzang Gongdü de Padling[5], y el *Rangdrol Korsum* de Kunkhyen Longchen Rabjampa[6]. De mi tío Rimpoché también recibí la transmisión de los tantras ñingma. Una noche durante este periodo tuve el siguiente sueño:

Allí estabamos mi tío Khyentrul Rimpoché junto con sus discípulos Yogi Kunzang Rangdrol[7], Togden Champa Tendar, y yo mismo. El maestro y discípulos ibamos subiendo por la ladera de un frondoso bosque con abundancia de diferentes especies de árboles; después de algún tiempo llegamos a un pequeño cortijo cuya entrada estaba orientada hacia el este, adornado con bellos diseños, no muy lejos de la puerta principal llegaba la forma de algo parecido a un radiante arcoiris.

En este momento el tío Khyentrul Rimpoché nos dijo: "Kunkhyen Longchen Rabjampa vive en el piso superior de esta gran casa;

vamos a saludarlo". Seguimos a Rimpoché y llegamos a la puerta de esta casa. Lentamente entramos en ella. A izquierda y derecha de las escaleras y en la barandilla había varias muchachas con cuerpos medio desnudos. La mitad de sus cuerpos estaban bellamente adornados con ropajes de sedas, joyas preciosas y ornamentos de hueso. Sus expresiones faciales sugerían estar ébrias de lujuria. Algunas de ellas tenían el pelo rojo-anaranjado, otras negro brillante que les caía libremente. Se movían por los alrededores con distintos andares. En el momento en que nos vieron, mostraron alegría y reverencia. Tocaron sus pulgares y sus dedos índices y juntaron sus dos manos. Mostraron un mudra en donde las puntas de los dedos medios completamente estirados se tocaban mientras que los dedos anulares y meñiques completamente estirados se separaban unos de otros. El tío Khyentrul Rimpoché les contestó con un mudra en el cual los pulgares y los dedos índices de sus manos estaban juntos como en un brazalete, y los dedos medios, anulares, y meñiques estaban estirados separándose hacia fuera como un pequeño pájaro en vuelo.

Mientras estaba pensando preguntar a mi tío Khyentrul Rimpoché "¿cuál es el significado de esos mudras?", llegamos a la puerta que daba acceso al piso de abajo. Había un salón de recepción magnífico, decorado hermosamente con varios ornamentos. En el centro de la sala y a unos centrímetros del suelo había un altar triangular de color rojo. Sobre él había un altar verde con la forma de una media luna, cuyas puntas señalaban hacia la puerta de entrada. Encima de él había un altar circular de color blanco. Cada altar estaba situado encima del inferior, cuya base era ligeramente más grande. Había muchos tipos distintos de carne, incluyendo la humana, así como varios platos con distintas comidas. En medio de esto, un ofrecimiento majestuoso en forma de *torma* había sido preparado; la ofrenda estaba dirigida hacia la puerta.

Alrededor del altar, en superficies formadas por muchas torres triangulares a un palmo del suelo, había muchos yoguis y yoguinis en abrazo sexual, cuyos rostros mostraban la tradición tanto tibetana como india. Ellos estaban cantando la melodía del *a ho ma ha su kha ho*[8].

Tan pronto como vi a estos yoguis y yoguinis me sentí incómodo y no pude examinarles con detalle. De mi aturdimiento en ese momento, sentí como si se erizara todo el vello de mi cuerpo.

Nosotros, los maestros y los discípulos entramos a la sala de recepciones. Dimos la vuelta alrededor de la asamblea, dejándola a nuestra derecha y seguimos hacia delante lentamente. De pronto, el tío Khyentrul Rimpoché empezó a cantar una melodía exquisitamente hermosa que nunca había oído antes. Cantó esta canción vajra *kol la i re ti am bho la* como si fuera la primera voz de un coro, y andó haciendo movimientos de danza con sus dos manos. Todos los yoguis y yoguinis incluidos en la asamblea y numerosas muchachas desnudas, adornadas con ornamentos de seda y hueso, y también muchos asistentes masculinos y femeninos empezaron a girar en posturas de danza a la vez que tocaban diferentes instrumentos musicales, algunos de los cuales había oído y visto antes, otros me eran completamente desconocidos. Al unísono con mi tío Khyentrul Rimpoché, cantaron la misma canción vajra melodiosa *kol la i re ti* con una sola voz. La canción terminaba con *din di ma ta hi na badza dzi a i* y una vez más, igual que antes, la asamblea repetía la hermosa melodía *a ho ma ha su kha ho* muchas veces.

Después de un buen rato, las muchachas semidesnudas adornadas con ornamentos de seda y hueso empezaron a distribuir las sustancias del banquete a los yoguis y a las yoguinis una después de otra.

Llegamos frente a la gran torma ofrenda, y una chica con cabello azul, luminoso y brillante, vestida con los ornamentos de hueso ofreció al tío Khyentrul Rimpoché una copa hecha de un cráneo llena del alcohol del festín con su mano derecha y una *kapala* llena de la comida del festín con su mano izquierda. Ella estaba cantando esta canción con una hermosa melodía:

> Ve todo lo que hay aquí como maravilloso; todos los que están reunidos aquí no tienen dudas; disfruta con el conocimiento de que el brahmin, el sin casta, el perro y el cerdo tienen la misma naturaleza.

El tío Khyentrul Rimpoché hizo el mudra del loto y recibió la *kapala* del festín del ofrecimiento en su mano derecha y la *kapala* del alcohol con su mano izquierda a la vez que repetía *a la la ho*. Tres muchachas nos ofrecieron a tres de nosotros la comida y el alcohol de la ofrenda, y los recibimos imitando al tío Rimpoché.

Mientras estábamos disfrutando de los ofrecimientos, me di cuenta de que había una pequeño trozo de un dedo humano junto con la uña en la *kapala* que me había sido ofrecida. Tan pronto lo vi, sentí cierta náusea y ya no fui capaz de disfrutar del ofrecimiento de la fiesta. Le pedí a Rimpoché que mirase el trozo de dedo humano diciéndole "Rimpoché, por favor, mire, ¿no es eso un trozo de dedo humano?".

El tío Rimpoché simplemente sonrió y contestó: "Entendiste el significado de la canción cuando recibiste las sustancias de ofrecimiento ofrecido por las dakinis?". Había leído la canción para el ofrecimiento de las sustancias de los ofrecimientos muchas veces, y aunque las palabras estaban presentes en mi mente, hasta ahora no había habido ninguna razón para conceder una atención singular a su significado. Aunque dediqué de inmediato algunos pensamientos al significado de las palabras, todavía no pude entender con claridad su simbolismo. Me acordé de otras veces, cuando ofrecía algunas *ganapujas* junto con Togden Rimpoché. Togden Rimpoché me dijo: "Es muy importante y necesario disfrutar de todas las cosas, sean las que sean, sin hacer distinciones entre lo bueno y lo malo". Después de entender el significado que él había repetido en aquellas ocasiones, comí algunas de las sustancias del ofrecimiento, aunque me abstuve de comer el dedo humano, a pesar de que bebí todo el alcohol del ofrecimiento.

Mientras estábamos disfrutando de las sustancias del ofrecimiento, frente a nosotros, encima de una plataforma de unos treinta centímetros de altura, un yogui con una melena muy larga y completamente negra y adornado con muchos ornamentos de hueso, con su cuerpo prácticamente desnudo, estaba copulando en una posición erguida con una yoguini desnuda también adornada con ornamentos de hueso. El *yab* estaba ofreciendo la comida del ofrecimiento al *yum* y el *yum* estaba ofreciendo alcohol del ofrecimiento al *yab*. Permaneciendo en esta posición la pareja del *yab yum* giró sus cabezas hacia el tío Rimpoché. Sonriente y feliz, las sustancias del ofrecimiento del *yab* fueron colocadas en la mano derecha del *yum*, y el alcohol del ofrecimiento del *yum* fue puesto en la mano izquierda del *yab*. Entonces la mano derecha del *yab* y la mano izquierda del *yum* hicieron el mudra en el corazón con el dedo pulgar y el dedo índice de la mano tocándose. El tío Khyentrul Rimpoché replicó con el mudra con ambas manos a la altura de su corazón con los pulgares e índices tocándose.

Le pregunté al tío Khyentrul Rimpoché: "¿Quiénes son estos practicantes *yab yum*?". A lo que contestó: "Estos dos practicantes son Ngadag Nyang Ral[9] *yab yum*". Cuando dijo eso, tres de nosotros nos sentimos llenos de devoción y ofrecimos un mudra imitando el de Rimpoché.

A continuación el tío Khyentrul Rimpoché subió al segundo piso, y le seguimos. Entramos por la puerta oriental del salón de recepciones. Había puertas en cada una de las direcciones al este, al sur, y al oeste en esta magnífica sala de recepciones que tenía ocho lados. En la sala se notaba una atmósfera muy cálida. Las paredes tenían el color del arcoiris con transparentes ventanas de cristales pintados. En medio de esto y dentro de una tienda de *thigles* de luz, se encontraba un yogui adornado con vestimentas blancas que llevaba su pelo anudado sobre su coronilla a modo de corona. Cuando era muy pequeño, el tío Togden Rimpoché[10] me había dado una pequeña pintura de Rigdzin Jigmed Lingpa que había sido una práctica de Adzom Drugpa Rimpoché[11]. La forma del cuerpo del yogui y los adornos eran muy similares en todos los aspectos a ese dibujo.

Alrededor de la tienda del gran *thigle* había muchos tipos distintos de gente como yoguis y yoguinis con vestidos tántricos, gente desnuda con ornamentos de huesos, y con aspectos de asistentes masculinos y femeninos, gente con un estilo de vestir muy poco familiar para mí, así como personas vestidas como hombres y mujeres ordinarios. En medio de todos ellos había muchos hombres y mujeres llevando los hábitos de monje.

Cuando entramos en este salón de recepciones, todos el mundo cantó al unísono una melodía muy hermosa de *ha ha sha sa ma*[12]. Las seis sílabas fueron cantadas una y otra vez. Cuando entramos, tío Rimpoché empezó a cantar junto con ellos y dio la vuelta a la sala de recepciones en el sentido de las agujas del reloj. Nosotros le seguimos imitando a Rimpoché. Finalmente, el maestro y los estudiantes completaron la circunvalación interior y de nuevo llegaron a la localización de la puerta oriental.

En este momento, el tío Khyentrul Rimpoché miró durante un

breve instante con los ojos sin pestañear directamente al yogui en el medio de la tienda del *thigle*, y sostuvo sus palmas de las manos juntas a la altura de su corazón. El yogui, a continuación, fijó sus ojos directamente al tío Rimpoché y con un rostro sonriente mostró un mudra colocando sus dos manos de modo que los dos pulgares tocaban a los dos dedos medios y las puntas de los dos dedos medios extendidos; los dedos anulares y los meñiques separados y extendiéndose hacia fuera. Cuando su mirada casual se posó en el espacio sin pestañear, llegó una muchacha vestida con ornamentos de hueso, ella tenía en el centro de su corazón, un espejo de plata del tamaño del pulgar completamente pulido y brillante en el centro del cual se encontraba la letra simbólica *ca* dorada. Ella pidió al tío Rimpoché que se sentara delante de la gran tienda del *thigle*, de inmediato el tío Rimpoché se dirigió hacia ahí y se sentó. Yo seguí al tío Rimpoché y me senté a su izquierda. Inmediatamente cuando el tío Rimpoché se sentó en el asiento, el yogui en medio de la tienda del *thigle* juntó sus pulgares e índices de las dos manos, abrió los dedos medios, los anulares y los meñiques y los depositó en sus rodillas. Sonriente con felicidad, el yogui cantó una melodía muy hermosa, de la Canción del Vajra *e ma ki ri ki ri*[13]. Puesto que cantó despacio con una voz muy suave, y muy delicada, todo el mundo se unió al canto con una única voz melodiosa hasta el *ra ra ra*.

Durante todo este tiempo, me sentí como un bebé recién nacido sin ningún pensamiento, como un mudo que no podía hablar. Mi cuerpo temblaba y sentía ligeras pulsaciones. Estaba en un estado de *hadewa* y me resultaba imposible definir mis sentimientos. Cada sucesivo *ra* del *ra ra ra* al final de la canción era entonado más y más alto por toda la asamblea al unísono, y este *ra* final fue expresado de forma mucho más poderosa, como el tronar de mil truenos simultáneos. En esas circunstancias, me desperté.

Esta era la primera vez que oía la Canción del Vajra. A partir de ese momento la recordé con toda claridad. La canción siempre surgía con claridad en mi mente, y algunas veces oía de forma espontánea esa hermosa melodía.

Esa mañana cuando fui a ver a tío Rimpoché y le relaté los vívidos detalles del sueño que había tenido, tío Rimpoché me dijo: "Éste es un signo maravilloso de haber entrado en el torrente de transmisión de energía del linaje", y se sintió profundamente complacido. Incluso se fue a buscar una pequeña libreta para apuntar el sueño. Cuando me hice mayor me lo dio para refrescar mi memoria.

Le pedí al tío Rimpoche: "¿Qué es ese mantra *e ma ki ri ki ri*?". Después de haberle hecho esta pregunta, me explicó que era la Canción del Vajra, y en conexión con ella, amablemente me dio una transmisión de poder sencilla y las intrucciones de la liberación al uso que se encuentran en el *Lama Gongdü*[14].

Después le pregunté al tío Rimpoché: "Por favor, enséñame la melodía de la Canción del Vajra" .

El tío Rimpoché contestó: "Seguro que hay una melodía para la Canción del Vajra. Pero no la conozco. ¿Cuál fue la melodía que tú escuchaste en tu sueño?, ¿puedes cantar un poco esta melodía?". Él me animó persistentemente, cuando entoné lo poco que recordaba, el tío Rimpoché se mostró muy complacido.

Tío Rimpoché me dijo: "He oído que existe una forma de cantar la Canción del Vajra de Adzomgar. Debes pedirle a Drokhe Togden[15], probablemente él la conocerá".

Más tarde, cuando me encontré con Togden Rimpoché, le pregunté sobre la melodía habitual de la Canción del Vajra tal y como se cantaba en Adzomgar. Togden Rimpoché me dijo: "Kyabje Drugpa Rimpoché, de vez en cuando, canta esta Canción del Vajra. Pero no conozco una melodía específica para esta canción que no sea la cantada en Gar más que la que era cantada de su propia experiencia por Drugpa Rimpoché. Pero recuerdo que era cantada así por Drugpa Rimpoché". Después de haber dicho esto, cantó un poco de la melodía que coincidía con la mía. En un encuentro más tardío, la melodía de la Canción del Vajra que se encuentra en el texto del *Shitro Khorde Rangdrol Gyi Tagdrol* revelada por mi maestro raíz Changchub Dorje[16] era básicamente la misma que cantó Togden Rimpoché.

Entonces le pregunté al tío Rimpoché: "¿Conoces la melodía del *kol la i re ti* que escuché en mi sueño?". Tío Rimpoché replicó: "¿Cuál es esta melodía?, intenta cantármela un poco". Hice lo que pude para cantar un poco de lo que recordaba de esta canción. El tío Rimpoché me dijo: "Sí, es esa; una vez, en una dimensión en la que se mezclaba el sueño y la experiencia de meditación, fui hasta el país de Oddiyana y me encontré con el gran Rigdzin Jampal Shenyen[17]. Muchas dakas y dakinis estaban ofreciendo una Ganachakra, y unas siete veces cantaron esta melodía hermosa del *kol la i re ti*. En otra ocasión, en un sueño en Tsariti y una vez más en Dewikoti[18], también me fui a Ganachakra con las dakas y dakinis; y canté esta canción con ellas en muchas ocasiones: *kol la i re ti*; la melodía era la misma sin la menor variación. Definitivamente, sin lugar a dudas, has encontrado a las dakas y dakinis de un lugar especial como Oddiyana; es muy propicio". Rimpoché se sintió muy complacido.

Le pedí a Tío Rimpoché: "Por favor, enséñame lo que sepas sobre la melodía *kol la i re ti*", e insistí mucho. El tío Rimpoché me hizo la promesa: "Estoy inseguro y no conozco con exactitud esta melodía; pero si así lo deseas, los dos la vamos a tratar de practicar lo que se tranquilamente". Más tarde, cuando tuve doce años, en la mitad del primer mes de la primavera del año del tigre de hierro, mientras viajaba con mi tío por las tierras bajas de Kham Kyegu, el tío Rimpoché amablemente practicó conmigo la melodía del *kol la i re ti* junto con algunas instrucciones secretas que estaban relacionadas con ellas.

Segundo Sueño

Tenía 15 años; estábamos en la mitad del segundo de los dos meses pertenecientes al quinto mes del año de la serpiente de agua, 1953. Permanecía de retiro en Gyawo Ritröd[19] de Trokhog en Derge de Dokham. En el vigésimoquinto día, mientras estaba recibiendo la iniciación y las instrucciones de *Dsogchen Nyingthig Yazhi*[20] de mi tío Khyentrul Rimpoché, ambos ofrecimos una larga puya de *Khandro Nyingthig*[21] al atardecer; y al alba del día siguiente tuve un sueño.

Mientras estaba en la gran cueva de Gyawo Ritröd, de repente, una hermosa muchacha adornada con ornamentos de joyas entró a través de la puerta de la cueva. Pensé que debía ser la gran dakini verde que mora en el lado derecho de Pal Lhamo[22] de cuando vi las cinco dakinis en uno de mis sueños anteriores. Me dio un diminuto pergamino amarillo y me dijo con una voz delicada y dulce: "Pal Lhamo te envia esto".

Muy sorprendido, rápidamente acepté el pergamino amarillo con mi mano izquierda y le pregunté: "¿Quién eres?", pero la muchacha desapareció. De inmediato, abrí el pequeño pergamino amarillo y lo miré con cuidado. En el pergamino no había nada más que tres letras muy similares a las letras tibetanas *uchen*[23], las letras eran *a, hu,* y *ma*, escritas en color bermellón. En este momento, pensé en lo que el *tertön* Nyima Pal[24] me dijo cuando me encontré con él en un sueño cuando me encontraba en Sengchen Namdrag[25]. Según lo que él me explicó, entendí que las letras *termas* se manifiestan, aparentemente, de las letras simbólicas. Inmediatamente invoqué a Ekajati, y cuando volví a mirar las tres letras del pergamino amarillo, infinitos rayos de luz emanaron de las tres letras. A pesar de que había algo como pequeñas motitas de polvo, a semejanza de las tres letras, en los rayos de luz, aparte de reconocerlas como siendo letras, y de leer unas cuantas, no se manifestaron con claridad. Tuve miedo de perder el pergamino, así que lo sostuve con mi mano izquierda y sostuve con fuerza mi mano izquierda sobre mi mano derecha, porque sentí la necesidad de ofrecer el pergamino a tío Rimpoché y en esta condición me desperté.

Tan pronto estuve despierto, pude recordar con claridad el sueño y me di cuenta que mis dos manos permanecían estrechamente apretadas igual que en mi sueño. Abrí mi mano izquierda para mirar y pude sentir físicamente que el pequeño pergamino estaba ahí. Pero puesto que todavía no había amanecido, lo volví a mantener apretado en mi mano izquierda y permenecí inmovil esperando el amanecer. Media hora más tarde amaneció y me levanté de la cama. Cuando la luz del alba llegó hasta la entrada de la cueva, miré con detenimiento el manuscrito amarillo en mi mano. Era transparente y tenía la anchura de un dedo, su longitud era de diez centímetros y las tres letras, *a, hu,* y *ma* estaban escritas en bermellón. De inmediato me vestí y me dirigí hacia la entrada de la cueva del tío Rimpoché, y golpeé en su puerta.

Rimpoché me respondió: "Todavía no he completado mis prácticas matutinas, ¿porqué vienes tan pronto?". Después de contarle lo ocurrido, le puse el manuscrito amarillo en su mano; lo examinó cuidadosamente y dijo: "¡Ah, qué ocasión tan auspiciosa! El año pasado vi estas tres letras simbólicas en una lista de una *terma* de la estatua de Vajrapani del lugar de Lhalung Paldor[26]. He estado esperando mucho tiempo este manuscrito amarillo. Y es muy bueno que ahora llegue en tus manos".

Cogiendo un texto de la estantería que estaba detrás de él, me mostró, cómo había sido escrito, que existía una muy clara indicación de cómo estas tres letras simbólicas de Lhalung Sangdag aparecerían. A continuación, ofrecí esas tres letras simbólicas al tío Rimpoché suplicándole que me enseñará el ciclo de enseñanzas de Lhalung Sangdag, y recibí su promesa de que me las concedería.

Tercer Sueño

Cuando tenía 22 años, a comienzos de abril, del año de la rata de hierro, 1960, me encontraba en un bonito hotel cerca de la montaña Gransasso en Italia. Solo y a pie ascendí la montaña y llegué a la cima de un elevado acantilado rocoso. Durante una hora experimenté el *Dsogchen Upadesha Semdzin* llamado "La Lucha de los Asuras"[27] y después de esto, mientras estaba practicando *namkha arted*[28], un gran ojo totalmente resplandeciente se manifestó de forma clara y vívida en la inmensidad del cielo claro. Lo miré directamente y me relajé en la condición de absoluta ecuanimidad, donde las manifestaciones y la mente dejan de ser duales. En medio del ojo, una letra simbólica dorada y luminosa similar a la letra *bam* resplandenció claramente durante alrededor de un minuto. A continuación, la visión desapareció como un arcoiris se disuelve en el cielo. A la mañana siguiente tuve el siguiente sueño.

Estaba en un parque cerca de Wöntöd Lobdra[29] en Derge de Dokham, leyendo el comentario de Vimala sobre el *Namasangiti*[30]. Estaba pensando cómo me gustaría pedir explicaciones y consejos sobre el comentario de Vimala cuando fui a ver a mi lama Khyenrab Ödser Rimpoché[31]. En este momento, Tsewang Phüntsog[32] del monasterio de Lhadrong[33] estaba viniendo en mi dirección. Y le pregunté: "¿Podemos ir los dos al Lama Rimpoché para pedirle la explicación y la guía al comentario del *Namasangiti* de Vimala?".

Tsewang me contesto: "¿No sabías que Lama Rimpoché ha fallecido?". En respuesta a esto le pregunté: "No, no lo sabía. ¿Cuándo sucedió?".

"Ya han transcurrido cinco meses desde que Lama Rimpoché nos dejó".

"¿Murió en su casa o en la escuela?"

"No, murió en Derge Gönchen[34]".

A continuación le pregunté: "¿Dónde se encuentran los restos de Lama Rimpoché?".

"Se encuentran en algún lugar de Derge Gönchen; pero no estoy seguro del sitio exacto".

Enseguida me fui con él a buscar dentro de la escuela. Pero dentro no pudimos ver nada más que a dos viejos monjes *böntöd* en la sala de meditación. A los dos monjes les preguntamos: "¿Dónde han ido todos los alumnos?".

Desesperadamente, un monje contestó: "No puedo decir que se fueron hacia aquí o hacia allá; todos desaparecieron, como pájaros asustados por un halcón".

Le pregunté a Tsewang Phüntsog: "¿Podríamos ir a ver los restos de Lama Rimpoché?".

Él contestó: "Está bien, vamos".

Le dije: "Vamos ahora mismo".

Los dos emprendimos a pie el camino de Böntöd a Derge. En el camino, con frecuencia nos cruzabamos con chinos o tibetanos vestidos en ropas chinas. Algunas veces pasamos por su lado sin prestarles demasiada atención, otras veces permanecíamos escondidos. Por fín, llegamos a Derge Gönchen. Gönchen estaba totalmente abarrotado de chinos y tibetanos vestidos en ropas chinas. Llegamos por el lado de la estupa a un extremo del monasterio y allí encontramos a una anciana. A ella le pregunté: "¿Se ha encontrado alguna vez con Böntöd Khen Khyenrab Rimpoché?".

A lo que respondió: "Le conocí. Él fue mi maestro raíz".

Después le pregunté: "¿Dónde está ahora?".

Riéndose, dijo: "No sé dónde se encuentra ahora, pero sus restos están en Agua Oscura[35]".

Le pregunté: "Somos alumnos del maestro, ¿me explicaría dónde se encuentran sus restos?".

Ella contestó: "Bien, de acuerdo, pero debéis venir al atardecer".

Así pues, hasta el atardecer de este día permanecimos escondidos en lo parte más interior de la primera planta de la estupa de las cinco familias. Tan pronto como anocheció, fuimos hacia Agua Oscura con la anciana. Llegamos detrás de una gran roca, y la mujer miró a todas partes y nos dijo: "los restos de Lama Rimpoché fueron emplazados aquí, pero yo no sé si han sido llevados hacia otra dimensión por las dakinis, han sido comidos por los perros o robados por humanos. Ahora no podemos verlos. ¡Qué triste!". Después de lo cual ella regresó a su casa.

Permanecimos sentados cerca de la gran roca y cantamos varias invocaciones al Lama. Después, diciendo: "Voy a averiguar si los restos del lama están alrededor de este sitio", Tsewang Phüntsog se fue. Me quedé sentado en el lugar sin moverme, y a través del yoga del guru permanecí en la integración no dual de la mente primordial con la mente ordinaria. De repente, justo enfrente de mí apareció una mujer negra con el pelo trenzado; vestía de color negro y su cuerpo era repulsivo. Ella me preguntó: "¿Estás buscando los restos del Lama Khyenrab Rimpoché?".

En respuesta, pregunté: "Sí, pero sus restos no están aquí. ¿Sabe dónde están sus restos?".

A lo que me respondió: "Puesto que los restos materiales están integrados en la dimensión de los elementos, ahora no es posible verlos. Los restos inmateriales de la esencia de los elementos están en las grandes tumbas de los *rigdzins* y dakinis".

A continuación le pregunté: "¿Puede mostrarme la gran tumba de los *rigdzins* y dakinis?".

A lo que ella dijo: "Sí, puedo. Ven".

Le rogé: "Tengo que esperar un poco a Tsewang Phüntsog. ¿Podemos esperarle para irnos?".

Ella dijo: "Si esperamos a que llegue Tsewang Phüntsog, no podremos ir. Si quieres ir, tenemos que ir ahora".

En aquellos momentos, a una distancia no muy lejana, varios chinos y tibetanos vistiendo ropas chinas estaban viniendo en nuestra dirección. Esto hizo que sintiera un poco de miedo. Entonces, tan pronto como la mujer hizo un repentino sonido haciendo palmas con su mano, se hizo todo oscuro y no pude ver nada".

La mujer me dijo: "No es necesario tener miedo".

Pensé que había sido salvado de las manos tanto de los chinos como de los tibetanos vestidos de chino. Agradecido, no sentí ningún miedo en la oscuridad. Después de un rato, la mujer negra me tomó de la mano y me dijo: "ven aquí ahora".

Caminé un poco en la dirección en que ella me conducía, y pasando a través de una puerta estuvimos dentro. Era la escena acogedora de un patio interior majestuoso con cuatro grandes puertas en las cuatro direcciones. Nos dirigimos hacia la gran puerta cerca de nosotros, llegamos frente a ella y entramos dentro. En su interior, en el centro de una plaza cuadrada había una gran estupa. Había trece terrazas escalonadas alrededor de su cúpula dorada que resplandecía con luz brillante. Alineados a un lado y al otro a lo largo de la escalinata había cientos de pequeñas y grandes estupas de la Iluminación.

La mujer negra me dijo: "Ahora vamos a la parte superior del sexto peldaño donde están los restos de Khen Khyenrab Ödser Rimpoché". Se marchó enseguida y llegó a un lugar en el sexto nivel a su izquierda. Ella dirigió su índice a una estupa y me dijo: "esta estupa contiene los restos de Khen Khyenrab Ödser Rimpoché". Los dos llegamos frente a la estupa, y enseñándome la entrada al tesoro de la estupa, dijo: "Mira aquí. Detrás de esta puerta tesoro está el cuerpo esencial de los restos del Lama Khyenrab Ödser Rimpoché". Los miré con detenimiento. Ahí estaba el cuerpo de Khen Khyenrab Ödser Rimpoché, no más grande que el grosor de un dedo. Su cuerpo era como algo hecho con la pura esencia de las cinco luces. Sus órganos sensoriales eran puros y radiantes. Sus dos ojos deslumbrantes me miraban pero no habló. Esto es lo que vi.

En este momento me embargo una gran tristeza y grité: "Lama Rimpoché. Ojalá tu infalible compasión me ayude". Grité estas palabras mostrando mucha premura. La mujer negra dijo: "No debes permitir una tristeza tan intensa como esta. Después de que los restos de Khen Khyenrab Ödser Rimpoché permanezcan en contemplación sin distracción como cuerpo de esencias luminosas durante veintiún años humanos, él volverá a nacer en forma humana para beneficiar a las enseñanzas y a los seres ".

Quise hacer muchas preguntas como "en qué lugar va a renacer", pero fui despertado de mi sueño por algún ruido.

Notas

1 mKhyen sprul rin po che ´Jigs bral thub bstan chos kyi rgya mtsho (1910-1963) también conocido como ´Jam dbyangs chos kyi dbang phyug, también conocido como dPa´bo he ka gling pa, o mKhyen brtse yang srid rin po che.
2. sDe dge zul khog sga gling.
3. Grub rje bla ma rin po che Kun dga´dpal ldan (1878-1950), también conocido como rDzogs chen mkhan rin po che Kun dga´dpal ldan.
4. *Ye shes mthong grol* es una *terma* revelada por bsTan gnyis gling pa pad ma tshe dbang rgyal po (1480-1535).
5. Kun bzang dgongs ´dus es una *terma* revelada por Pad ma gling pa (1450-1521).
6. *Rang rol skor gsum* es un ciclo de tres textos de Kun mkhyen Klong chen rab ´byams pa (1308-63).
7. Pad ma kun bzang rang grol (1890-1973), también conocido como Thub bstan bshad sgrub rgya mtsho, o Rag mgo mchog sprul.
8. Este mantra se recita mientras el practicante integra todas las cosas en el gozo completo.
9. mNga´bdag nyang ral nyi ma´i ´od zer (1124-1192).
10. Togden Ogyen Tendzin, rTogs ldan o rgyan bstan ´dzin (1893-1959), tío paterno de Chögyal Namkhai Norbu.
11. Adzom Drugpa, A ´dzom (o A ´dzam) ´brug pa ´gro ´dul dpa´bo rdo rje (1842-1924 ó 34).
12. Las seis sílabas representan los seis espacios del buda primordial Samantabadra. Estos aspectos purificados de los seis reinos se explican en el *Tantra Dsogchen Upadesha Kun tu bzang po klong drug pa´i rgyud*.
13. Una versión de esta Canción del Vajra contemplativa es presentada en el *Dsogchen Upadesha Tantra Nyi ma dang zla ba kha sbyor ba chen po gsang ba´i rgyud*.
14. *Bla ma dgongs ´dus* es un gran ciclo de enseñanzas reveladas por Sangye Lingpa, Sangs rgyas gling pa (1340-96).
15. Drokhe Togden: Gro khe tshang es el apellido de Togden Ogyen Tendzin.
16. Byang chub rdo rje (1826-1961).
17. ´Jam dpal bshes gnyen o Manjushrimitra, el alumno principal de Garab Dorje.
18. Lugar sagrado del sur del Tíbet, es una dimensión de las deidades femeninas.

19. mDo khams sde dge khro khog rgya bo ri khrod.
20. Ciclo de enseñanzas recopiladas y parcialmente compuestas por Longchen Rabjampa.
21. Una sección de *Nyingthig Yazhi*.
22. dPal ldan lha mo, Shridevi.
23. Letras esculpidas en piedra.
24. Nyi ma dpal.
25. Nombre de la cueva de meditación usada por Chögyal Namkhai Norbu en Kham, fue abierta por el *tertön* mChog gyur gling pa (1829-1870).
26. lHa lung dpal gyi rdo rje dbang phyug, discípulo de Padmasambhava.
27. lHa ma yin ´thabs rtsod ´gyed pa: ver p. 249 del *The Precious Vase* de Chögyal Namkhai Norbu (Ver también la nota 1 del Capítulo 5).
28. Nam mkha´ar gtad, fijar la mirada en el cielo.
29. dBon stod bshad grwa era el colegio monástico en el que estudio Chögyal Namkhai Norbu.
30. *mTshan brjod*, recitar el nombre (de Manyusri).
31. Khyenrab Chökyi Ödser, mKhan ri po che mKhyen rab chos kyi ´od zer (1901-1960) instruyó a Chögyal Namkhai en Wöntöd Lobdra.
32. Tshe dbang phun tshogs.
33. lHa ´brong, conocido monasterio Ñingma fundado por Grub dbang dpal ldan chos rgyal en el siglo XII.
34. sDe dge dgon chen, un famoso monasterio.
35. El nombre de un lugar cerca de Derge Gönchen.

7. Los Métodos de Transferencia[1]

La explicación de cómo practicar la esencia de la transferencia tiene tres subdivisiones que se relacionan con los métodos de transferencia según los practicantes de capacidad alta, media o baja.

La primera es la explicación del método de transferencia de la luz clara para aquellos de una capacidad elevada. En este contexto, cuando un hombre o una mujer practicantes, han verdaderamente dominado la luz clara, en el momento de la muerte, y desde el reino de la luz clara que ha sido previamente desarrollada, la *rigpa* sale por la abertura de Brahma y se transfiere en el espacio del ser primordial.

A continuación, está la explicación del método de transferencia desde cuerpo ilusorio para los de capacidad media. En este caso, cuando hay una habilidad suficiente con el cuerpo ilusorio en el contexto del continuo mental de un practicante masculino o femenino, en el momento de la muerte, de la dimensión del cuerpo ilusorio, la *rigpa*, sale disparada por la abertura de Brahma. Es entonces transferida a la forma de una deidad en una condición real. El cuerpo ilusorio del bardo es así reconocido, y se consigue la Iluminación.

La tercera es la explicación del método de transferencia del cuerpo y voz para los de menor capacidad, que puede ser comprendida en la sección de las prácticas preliminares de las enseñanzas más secretas del Upadesha. La transferencia del cuerpo, voz y mente puede ser sumarizada en los principios fundamentales pudiendo ser de dos tipos: transferencia concreta según las acciones de los canales y chakras y los elementos de originación interdependiente, y transferencia insustancial según los poderes de visualización de la mente[2].

Notas

1. Los tres tipos de transferencia, o *phowa*, los explica minuciosamente Chögyal Namkhai Norbu en su *Talks in Oz, California* (publicados en privado en 1988, pp. 211-219). También se habla de ellas en el libro, *The Phowa Practice*.

   En el estilo Dharmakaya de transferencia, el practicante superior permanece en un estado de contemplación a la hora de la muerte, por lo tanto no hay nada que transferir. En el estilo de transferencia Sambogakaya, el practicante intermedio se transforma en la deidad principal de uno en el momento de la muerte. En el estilo de transferencia del Nirmanakaya en el momento de la muerte, el practicante inferior transfiere la consciencia a través del canal central con salida por la parte superior de la cabeza hacia alguna dimensión pura visualizada.
2. El tantra raíz *Dra Thalgyur* expone: "Los dos tipos de transferencia cuerpo y voz son la transferencia sustancial y la transferencia insustancial. La transferencia sustancial es el método de práctica con el prana. A través de la práctica con sonido, figuras, habilidad y originación interdependiente uno se vincula con los elementos individuales. Se consigue concentrando el cuerpo, la voz y la mente. La transferencia insustancial depende de la capacidad de la mente".

8. El Peregrinaje a Maratika

En 1984, Norbu Rimpoché viajó al norte de Nepal en peregrinación al monasterio de Tolu, y a la cueva de Maratika[1] *donde el gran mahasida*[2] *Padmasambhava*[3] *llevó a cabo un retiro con su consorte Mandarava*[4]*. Lo que viene a continuación es una descripción de una serie de destacados sueños que tuvo en su viaje, empezando con un sueño que tuvo dos días después de llegar al monasterio.*

La localización del sueño fue en el mismo monasterio de Tolu. Si sueñas sobre un lugar o una cosa que haya estado relacionada con tu pasado, esto normalmente refleja una repetición a través de la huella kármica; si sueñas con un lugar o con una situación diferente al lugar y a la situación donde actualmente estás, esto refleja una atracción o un deseo. Por otro lado, si sueñas con el mismo lugar en el que te encuentras, esto es a menudo significativo. Por tanto, estaba al corriente de que ése podría ser un sueño importante.

En este sueño, estaba en la cueva de Tolu, e incluso la gente que viajó conmigo estaba allí. Mientras daba una enseñanza a mis alumnos, llegó mi tío. Debo deciros que este hombre que nos acompañó no sólo era mi tío, era también uno de mis principales maestros, un practicante extraordinario y *tertön*[5].

Os contaré una corta historia que ilustrará la destacada calidad de vida de mi tío. Cuando yo era niño, vivía cerca de un monasterio. Me acuerdo que un caballo joven había muerto. Unos buitres se habían comido al caballo, pero después de haber acabado con él, uno de ellos permaneció allí. Mi tío pidió a dos monjes que fueran a buscar al buitre.

Cuando volvieron al monasterio con el buitre, los monjes anunciaron que el ave estaba herida. Había una pieza de hierro clavada en el hombro del buitre. Uno de los monjes intentó sacarla, pero el buitre se agitó mucho, y mi tío dio instrucciones de dejarlo y ponerlo en una zona de jardín cerrada. Me acuerdo de haber pensado lo extraño que era que el buitre permaneciera tan silencioso y pasivo mientras esto estaba ocurriendo. De hecho, toda la situación fue volviéndose cada vez más inusual.

Al día siguiente mi tío me ordenó alimentar al buitre con un poco de leche. Cuando llegué al jardín de forma semicircular, con un suelo de madera, el buitre estaba sentado inmóvil. Le dejé la leche frente de él. Moviendo su cabeza poco a poco empezó a beber. Se bebió toda la leche que le ofrecí y cuando se la acabó, comenzó a correr y a mover sus alas despacio. Ya que la zona era bastante grande, era capaz de correr una distancia larga. Corrió hasta el final del jardín, y a medio camino de vuelta paró y la pieza de metal, una varita de hierro, cayó de su ala. En el mismo momento en que la pieza de hierro cayó, el buitre se marchó volando, dirigiéndose hacia el este en la dirección de una gran montaña llamada Sitang. El famoso monasterio dsogchen[6] está justo detrás de esa montaña. También fue en esa montaña dónde normalmente mi tío vivió en una cueva.

Examinamos el metal que había caído del ala del buitre. Era bastante largo. El extremo que se había clavado en el ala era triangular. Todavía puedo recordar el precioso sonido que hizo la pieza de hierro cuando cayó del ala. Este suceso fue una de las rarezas que frecuentemente ocurría alrededor de mi tío.

Así que, en esa ocasión en Tolu, mi tío se manifestó en mi sueño. En el sueño no tendría más de catorce o quince años. Me dijo que estaba muy satisfecho por las enseñanzas que yo estaba dando, y que eran útiles para todo el mundo. Le pregunté si realmente había estado escuchando. Me contestó que había estado escuchando cada palabra. Lo que había estado enseñando en Talu era el *Tsigsum Nedeg*[7], las tres famosas afirmaciones finales de Garab Dorye[8]. Entonces, mi tío me pidió que también le explicase sobre mi *gongter*[9] . Le contesté que el *namkha*[10] no era un *gongter*.

Dejadme explicaros a lo que me estoy refiriendo. Hace unos años, me encontraba en Nueva York. Estaba dando un seminario sobre la función de los elementos y la energía, y también sobre historia tibetana. En él di una explicación de los elementos y su función de acuerdo con la antigua tradición *bönpo*. Aquella noche tuve un sueño. En éste había un niño pequeño vestido de azul. Le pregunté quién era, y me contestó que su nombre era Phuwer[11]. Phuwer fue una famosa divinidad *bönpo*, conocida particularmente por su capacidad de adivinación a través de la astrología.

Le dije: "Si eres realmente Phuwer, entonces explícame sobre la función de los elementos de los individuos, y cómo se pueden armonizar cuando hay problemas". Este niño pequeño empezó entonces a explicar los diferentes tipos de funciones de los elementos, relacionados con el cuerpo, vida, fortuna, capacidad, etc. A través de ello descubrí el preciso principio de *namkha*, el método para armonizar los elementos de una persona.

Le dije a mi tío que el *namkha* no era un *gongter*, sino el mero resultado de este sueño, pero mi tío insistió explicando que precisamente porque era un *gongter*, le gustaría que se lo transmitiera. Puesto que él era mi maestro, me sentí muy incómodo con su petición, pero insistió y a la larga terminé por leerle el libro, y por tanto cumplí con la transmisión. Después de haber acabado, me dijo que *namkha* sería una práctica importante en el futuro. Además me dijo que debería practicar y enseñar la "práctica de las cinco dakinis". Le pregunté qué práctica era la de las cinco dakinis. Me respondió que habrían más instrucciones más tarde. Éste fue uno de mis sueños.

Durante los días que pasamos en el Monasterio de Tolu tuve constantemente sueños extremamente importantes, y a medida que nos acercábamos al día veinticinco que es astrológicamente significativo[12] estaba un poco nervioso al dormirme. Con la preocupación sobre qué es lo que pasaría, me fui a la cama, pero durante un rato no pude dormirme. Al final, cuando me dormí, me encontré en un tipo de sueño en el que estaba hablando con alguien. No sé realmente si estaba hablando con alguien o si estaba conversando conmigo mismo.

La voz me dijo que me relajara, primero la respiración, y luego el cuerpo, hasta que me encontré en el estado relajado de *samaya*[13]. Pensé que nunca había oído sobre este estado de relajación de samaya. Sin embargo, intenté relajarme una y otra vez, para llegar a ese estado. Muy a menudo me despertaba debido a la incomodidad por las condiciones para dormir en Tolu. De hecho, me desperté al menos dos o tres veces en el intento de entrar en el estado de relajación. En uno de esos intervalos recibí instrucciones, dentro del sueño, de quitarme las polainas de montaña que debido al cansancio me olvidé de sacarme antes de dormir.

Cuando me desperté recordando las instrucciones, me quité las polainas, y me volví a dormir lentamente, relajándome para entrar en el estado de samaya. "Todavía no es perfecto", dijo la voz, "tenemos que tener una respiración fácil y fresca". Para seguir las instrucciones abrí la tienda para que pudiese entrar algo de aire fresco, a pesar de que hacía mucho frío y un fuerte viento soplaba fuera. Una vez más me volví a dormir y entré en el estado de samaya. Estaba otra vez pensando que este samaya no era tan terrorífico, que no era realmente un estado de contemplación[14].

La voz volvió otra vez y dijo: "Ahora que has hecho esto, tienes que entrar en el estado de *dharmadhatu*[15]". Tal y como se me aconsejó, me relajé y me dirigí hacia ese estado de *dharmadhatu*. Mientras tanto, me desperté porque alguien estaba tosiendo en la tienda de al lado.

Volví a dormirme otra vez, para dirigirme a través de los niveles sucesivos de relajación. Por una razón u otra me desperté una y otra vez, y tuve que empezar cada vez por el principio. Entonces de repente, la voz dijo, "estamos aquí, éste es el estado de *darmadhatu*" lo que me pareció ser el estado de contemplación.

La voz me indicó que me dirigiese a otro estado. Mientras hacía esto, empezó a aparecer un tipo de *thigle*[16] similar al que había aparecido en un sueño previo en la cueva de Tolu. Además, vi algo escrito, y entonces me desperté otra vez.

Tuve que empezar por el principio, relajándome a través de las diferentes fases hasta que el *thigle* reapareció. Lo que había visto en el *thigle* era el título de un texto. Esta vez después del título apareció el texto, como si estuviese mirando a una pantalla de cine. Aparecían, una detrás de otra, series enteras de prácticas de meditación. Estaba leyendo página tras página, pero si en cualquier punto no podía leer algo, sólo necesitaba pensar que aquello no estaba claro, para que la porción, poco clara, volviese a aparecer. Se repetía a sí misma como si yo tuviese una especie de telecomando. De esta forma leí todo el texto desde el principio hasta el fin al menos tres o cuatro veces.

Debido a interrupciones me despertaba con frecuencia. Pero cada vez que volvía a dormirme y empezaba con el *samaya* y todo lo demás, el texto continuaba manifestándose.

De repente la voz dijo: "Estás ahora en el siguiente estadio". Lo que distinguió este estado del anterior fue que ahora las pocas palabras que no habían sido completamente legibles aparecieron para ocupar todo el espacio. Sin llevar a cabo ningún tipo de enfoque por mi parte, éstas simplemente aparecieron. Seguí leyendo y esto continuó sin interrupción casi hasta la mañana.

En este punto tosí intensamente y me desperté. Las palabras estaban todavía allí, incluso con mis ojos abiertos. No era un sueño. Las vi por poco tiempo y entonces desaparecieron. Pensé que esto quizá sería simplemente la influencia del sueño. Con curiosidad, continué mirando hacia el cielo. El cielo estaba muy claro, y no hubo más visiones.

Recuerdo que una vez, cuando estaba realizando un retiro en Noruega, estaba a mitad de una práctica y ocurrió lo mismo. En aquella ocasión les conté a algunas personas mi experiencia. Previamente, había leído sobre *nangwa yiger shar*[17] en las biografías de algunos maestros con logros espirituales. Puedo recordar haber pensado en Noruega que no había entendido previamente lo que significa la frase *nangwa yiger shar*. De todas formas, me dormí una vez más, y me relajé a través de las diferentes etapas. En el sueño, mientras seguía las instrucciones para entrar en las fases de relajación, de pronto tuve un pensamiento sobre un estado incluso más avanzado, algo llamado *chadrub yeshe* el estadio más avanzado de sabiduría. La voz contestó mi pensamiento diciendo; "Vendrá cuando todo sea completo". Entonces llegó la mañana, yo estaba verdaderamente exhausto. Los demás estaban durmiendo placenteramente. Ésta es la historia del vigésimoquinto día.

Al día siguiente hicimos una larga ascensión. Aquella tarde, cuando me dormí, todo volvió a suceder. Otra vez leí el texto entero varias veces, y en particular las partes en donde las letras no estaban muy claras. En cierto punto, de repente, me desperté, y me encontré con mi cabeza cubierta con una manta. Habría hecho tanto viento que debí protegerme. Me destapé la cabeza, abrí los ojos e inmediatamente miré hacia el cielo. Allí, brevemente, estaban las letras otra vez.

Ahora me gustaría hablaros sobre un sueño que tuve en la primera noche que llegamos a la cueva de Maratika. Antes de ir a la cama me dije que mañana sería un buen día para empezar la práctica de meditación de larga vida que traía conmigo. Todavía no había desarrollado un método en particular para hacer esta práctica, pero me había traído el texto del ejercicio conmigo porque me surgió la idea de que Maratika sería un buen sitio para practicarla.

Aquella noche soñé que me estaba preparando para hacer la práctica en una gran cueva. Estaba explicando cómo se hacia la práctica y dando una iniciación que permitiría a los alumnos hacerla por ellos mismos. Normalmente, en nuestra tradición, para hacer una práctica de larga vida, se necesita una iniciación de larga vida.

Aquellos que me conocen, saben que no suelo dar iniciaciones muy elaboradas[18], pero siempre he mantenido que es necesario hacer algún tipo de iniciación para la adquisición de poderes. En mi sueño tuve la idea de dar primero una cuidadosa explicación del significado de la iniciación. Cuando la gente lo hubiese entendido bien, concedería la iniciación con el mantra. Después haríamos la práctica juntos; eso sería la transmisión.

Así que, en mi sueño, estaba explicando cada punto de los que constaba la iniciación, empezando con la iniciación del cuerpo. En ese momento pude distinguir que había una persona cerca de mí, dándome algo. Me giré hacia él, y vi que no era un ser humano normal. De esto estaba seguro, ya que la primera cosa que distinguí mientras lo miraba, era que la parte inferior de su cuerpo era como el de una serpiente. Pensé que quizás era Rahula[19], uno de los guardianes, pero cuando le miré a la cara me pareció poco probable. Entonces pensé que quizás representaba a alguien que conocía. Miré otra vez –su cara era parecida a la de un dragón–. Su cuerpo era blanco. De repente puso algo en mi mano.

Si has tomado una iniciación, sabes que normalmente hay alguien ayudando al maestro, dándole cosas. En el momento apropiado de la ceremonia, el ayudante ofrece el objeto correcto. En mi sueño, el ser parecido a un dragón estaba dándome un objeto redondo con el cual yo estaba a punto de rubricar la iniciación del cuerpo que acababa de dar.

Cogí el objeto redondo en mi mano. Era un espejo, pero en el marco que bordeaba el espejo habían lo que parecía ser doce espejos más pequeños. Alrededor de éstos había como una especie de arco iris. Y alrededor de este perímetro habían plumas de pavo real. Era muy hermoso. Al cogerlo supe que éste era el objeto con el cual podría conferir la iniciación del cuerpo.

Normalmente en una iniciación, el espejo representa la mente, el aspecto del entendimiento. De inmediato en el sueño tuve una explicación: "El cuerpo parece ser substancial, pero inherentemente está vacío. El símbolo de esto es el reflejo que parece ser nuestra forma en el espejo". Junto con esta explicación, hice uso del espejo en mi sueño para dar la iniciación del cuerpo. En mi sueño toqué las cabezas de cada uno de los que recibían la iniciación con el espejo. Mientras iban pasando yo iba recitando un mantra[20].

A continuación empecé a explicar la iniciación de la palabra. En ese mismo momento noté la presencia de otro ser a mi izquierda. Este ser también me ofreció un objeto para dar autenticidad a la iniciación. El objeto era un mala[21] hecho de rubíes rojos profundamente coloreados, formando la figura de un ocho. Miré detenidamente al ser que me estaba ofreciendo el mala. Tenía un cuerpo de color rojo oscuro y un solo ojo. Pensé otra vez que éste no era un ser humano ordinario, que quizás sería Ekajati[22]. Por otro lado no se parecía exactamente a Ekajati, y en sus manos estaban esos extraños objetos. En cualquier caso, justo después de darme el mala, me di cuenta que estaba otra vez dando una explicación.

"Este mala representa la continua repetición del mantra". No sólo expliqué la función del mantra, sino que además di una explicación muy nueva sobre esta forma del mantra la cual está representada en la forma de la figura de un ocho. Todo fue bastante extraño, porque la explicación no tuvo nada que ver con la práctica particular de larga vida (*Tsedrub Gongdü*) de Nyagla Pema Dündul[23] con la cual yo viajaba.

Al día siguiente, después de soñar sobre otra práctica de la larga vida que presentaba a la dakini Mandarava, descubrí que realmente existe una práctica *yangti,* que de hecho incluye esta visualización. Mientras tanto la figura de Ekajati había puesto otro objeto en mi mano, esta vez un símbolo para autorizar la iniciación de la mente. El objeto era parecido a una esvástica, pero en su parte superior había tridentes. El centro era la esvástica. Estaba hecha de una preciosa piedra azul transparente.

Entonces expliqué el significado de la transmisión de la mente. Después, por turnos, puse este objeto en el corazón de cada persona. Al mismo tiempo estaba pronunciando el mantra relacionado con la iniciación de la mente. Después de colocar el objeto en el corazón de la primera persona, ví que dejó una impresión y que estaba girando, con un pequeño sonido. Parecía muy vivo. Cuando inicié a la siguiente persona, sucedió lo mismo. Cuando finalmente acabé, vi que todas las impresiones de la esvástica todavía estaban girando. Así fue como dirigí la iniciación, y entonces desperté. Al día siguiente, decidí hacer un retiro dentro de la cueva. Muchos de los estudiantes que me acompañaban en esa peregrinación se unieron a mí para hacer la práctica de Pema Dündul en la cueva de Mandarava.

Al día siguiente tuve otro sueño especial. A pesar de que mucha de nuestra gente no había llegado todavía, soñé que estábamos todos juntos en la caverna. Ya habíamos hecho una práctica juntos, y yo estaba impartiendo enseñanzas. En el sueño pareció como si el sueño de la noche anterior se hubiera recreado exactamente. A mi izquierda estaba la figura de color marrón-rojiza, con un sólo ojo. Una vez más sostenía numerosos objetos en su mano; esta vez me dio un abalorio de cristal.

Ahora estaba claro que este ser me estaba asistiendo a medida que daba las enseñanzas. Cogí el cristal en mi mano, y lo miré. En el centro del cristal vi una palabra. Tan pronto como vi la palabra especial, supe que este ser era definitivamente Ekajati. También tuve una visión muy clara en el sueño del guardián Ekajati quien me aconsejó diciendo: "Éste es el momento de abrir tu mente tesoro del círculo de vajra, la práctica de la dakini para obtener larga vida".

Mirando dentro de la pequeña cuenta de cristal, pude ver rayos de luz radiando en todas las direcciones, desde la palabra, pero no radiaban fuera de la bola. Cuando cogí la bola, pregunté: "¿Qué es esto?" Ella me dijo, "esto es *tagtheb*" "No entiendo", le contesté. En el momento que dije esto, pareció como si el cristal desapareciese dentro de mí. Miré a mi alrededor para ver si estaba Ekajati, pero ella también había desaparecido.

Cuando desperté, mi primer pensamiento fue *tagtheb*, y lo que podía significar. Todavía faltaba un poco para el amanecer, tenía mucho tiempo, así que continué la concentración en la palabra *Tate*. No es una palabra muy familiar. "*Tag*" significa puro, "*Theb*" significa confrontar o, a veces, nombrar. En mi estado medio despierto estaba pensando en esta palabra cuando me vino la idea de lo que debía hacer, y era escribir el texto y más tarde escribirlo otra vez sin acudir a la primera versión para poder probar su autenticidad. Ahora tenía claro lo que debía hacer.

Después de asearme, cogí un lápiz y un papel y fui a sentarme sobre una roca. Entonces, sin ningún plan, escribí cualquier cosa que viniese a mi mente. Escribí varias páginas, y lo que salió fue una ceremonia de Ekajati. Esto era el principio. Después fui a desayunar. Durante el desayuno le pregunté a una de mis estudiantes que me buscase una libreta. Cuando acabé de desayunar, ella no había llegado, así que cogí otra libreta y me fui al sitio donde había estado el primer día, un lugar con un poder especial de Maratika y allí me senté.

Casi había empezado, cuando la estudiante llegó con una libreta negra y un bolígrafo rojo. Con esto empecé a escribir. Era como si comenzase una carta. La encabecé con el nombre Maratika, junto con la hora y el día. Eran las nueve y cuarto de la mañana. Mientras estaba escribiendo, varias personas de mi grupo se acercaron. Algunos de ellos no sabían lo que estaba haciendo. A medida que iban llegando para saludarme, trataba de deshacerme de ellos.

A pesar de las interrupciones, acabé de escribir a las doce y cuarto. Cuando terminé, había usado hasta la última página y hasta la última línea de la libreta. Casi parecía como si hubiese estado planeado deliberadamente. Pensé que esto era una buena señal.

De vuelta al campamento, di el texto a dos estudiantes para que lo guardasen durante unos días. Pensé que después de uno cuantos días lo volvería a escribir otra vez. Esto sería el *Tagtheb*, la segunda versión para poder compararla con la primera para confirmar su autenticidad. Esto probaría que el texto era genuino, y no simplemente un juego de mi intelecto.

Pasaron dos días. Al tercero tuve un sueño indicando que había llegado la hora para escribir y hacer una serie de aclaraciones. Después de completar la práctica matutina, me senté a escribir hasta la hora de comer. La segunda vez escribí calmadamente y con caligrafía fácil. Esta vez me llevó dos horas y media. Entonces pedí el original, y mi hermana mayor comparó las dos versiones. No había prácticamente ninguna diferencia, sólo dos o tres correcciones gramaticales.

Esta es la historia del origen de este texto de práctica, una práctica para desarrollar una vida larga y estable. El texto incluye mantras, ejercicios de respiración para el control de la energía, así como prácticas de visualización. Hay además instrucciones en relación a los canales y a los chakras. En la tradición tibetana este tipo de práctica está a menudo protegida, es decir que ha de estar guardada en secreto por muchos años. Cuando guardas tal cosa en secreto, no se permite ni siquiera decir que estás guardando algo en secreto. En este caso no ha sido necesario. No ha habido ninguna indicación de que esto debería haber sido guardado en secreto. No tengo secreto que guardar; por tanto, he hablado de ello. También hablé de ello en Maratika, y allí llevé a cabo la transmisión de los mantras.

Notas

1. La cueva de Mandarava en Maratika: Situada al norte de Nepal donde Norbu Rimpoché estuvo de retiro en 1984. Hay dos cuevas, la mayor está relacionada con Padmasambhava y la pequeña con Mandarava. En el siglo VII, Mandarava –junto con Guru Padmasambhava– practicó y alcanzó la inmortalidad en esa cueva, que desde entonces es conocida como la cueva de la larga vida.
2. Mahasida: (Sánsc.): literalmente "Gran Adepto". *Maha* significa

grande, mientras que *sida* es aquél que ha conseguido *sidis* –poderes psíquicos y espirituales–. En el budismo de Tíbet tenemos el ejemplo de las ochenta y cuatro Mahasidas que eran mujeres y hombres con poderes sobrenaturales. Estos practicantes tántricos vivieron en el siglo VIII en India y Nepal. La leyenda de los Ochenta y Cuatro Mahasidas ha llegado hasta la actualidad con sólo Cincuenta y Cuatro de los cuales, cuatro son mujeres.

3. Guru Padamasambhava: (Sánscr.) de padma (loto) y sambhava (nacido). Un maestro budista indio de tantra y dsogchen originario de Oddiyana. Es conocido como "el que ha nacido de un loto" a causa de su milagroso nacimiento. Se cuenta que Guru Padmasambhava se manifestó espontáneamente como un niño de ocho años sentado en el centro de una flor de loto que crecía en medio de un lago de Oddiyana. En el siglo VIII introdujo el budismo de India en Tíbet. Con sus poderes extraordinarios, Guru Padmasambhava superó los obstáculos que impedían al budismo enraizarse en Tíbet.
4. Mandarava: Esta princesa india de Mandi fue una de las principales consortes de Padmasambhava. Abandonó la realeza para practicar el darma. Es especialmente conocida por haber perfeccionado la práctica de la longevidad con Padmasambhava. Se invoca en ciertos rituales de tantra con el objetivo de alargar la vida.
5. *Tertön*: El que descubre una *terma*, o texto de darma escondido previamente con el propósito de que sea hallado más tarde. Se cree que las termas se esconden en árboles, lagos, la tierra e incluso el cielo.
6. Monasterio de Dsogchen: Este monasterio fue fundado en el siglo VII, en Kham (Tíbet Oriental) por Pema Rigdzin, el primer Dsogchen Rimpoché. Se convirtió en el mayor monasterio ñingmapa. Este monasterio era considerado uno de los veinticinco lugares de peregrinaje de Tíbet oriental. Cerca del monasterio se encuentra una cueva secreta de Padmasambhava y tres lagos sagrados. Muchos maestros famosos de las cuatro escuelas de budismo de Tíbet y de la tradición bon estudiaron en el Monasterio de Dsogchen. Entre ellos Patrul Rimpoché y Mipham. El monasterio fue destruido en 1959 por los chinos y ya ha sido reconstruido.
7. Tsigsum Nedeg: *Los tres dichos de Garab Dorje*. Este texto condensa las enseñanzas de dsogchen en tres partes esenciales. (1) *La introducción directa* del estado primordial de la mente del maestro al estudiante. (2) El practicante *deja de tener dudas* sobre lo que es el estado primordial. (3) El practicante *continúa en ese estado* de atención primordial hasta la consecución total de los logros espirituales.

8. Garab Dorye: Según fuentes originales ñingmapas, Garab Dorye vivió 166 años depués del parinirvana del Buda, en la cronología tibetana equivale al 881 a de C. Eruditos occidentales aseguran que ocurrió 200 años después. Se cuenta que tuvo una concepción inmaculada por la monja y princesa hija de un rey de Oddiyana. Esa monja había estado practicando en una isla en el centro de un lago cuando tuvo un sueño. Soñó con un atractivo hombre blanco, que sostenía un vaso de cristal con mantras grabados en él. Este hombre inició a la monja y después, disolviéndose en luz, entró en su cuerpo y la impregnó. Un tiempo después de este sueño dio a luz a Garab Dorye. Según fuentes ñingmapas, Garab Dorye fue el primer maestro dsogchen. En su vida anterior en otra dimensión, Garab Dorye había recibido la iniciación de dsogchen directamente de una manifestación del sambogakaya de Vajrasatva. Después de nacer en el reino de los humanos, Garab Dorye recordó de inmediato esas enseñanzas de dsogchen e instruyó a un tipo de seres llamados dakinis en la sagrada tierra de Odiana. También tuvo discípulos humanos, uno de los cuales fue Manyushrimita, quien organizó la enseñanza de Garab Dorye en *semde, longde,* y *menngagde*. Para más información sobre Garab Dorye ver *The Golden Letters* de John Reynolds (Ithaca, Snow Lion Publications, 1997).
9. Gongter: "terma mental", una terma descubierta en el torrente mental de un *tertön* (quien ha descubierto una *terma*).
10. *Namkha*: Un método de práctica para equilibrar los elementos del cuerpo. Un *namkha* se realiza según la carta astral de la persona. Está hecha de dos piezas de madera e hilos de cinco colores, cada uno de los cuales representa un elemento: blanco, metal; verde, madera y aire; rojo, fuego; amarillo, tierra; y azul, agua. Los hilos de colores se envuelven en las maderas en un patrón que funciona para armonizar los elementos de la persona en cuestión. Los *namkhas* son bendecidos por un maestro, y el practicante recibe instrucción de meditación en una ceremonia que si se practica junto con el *namkha* puede equilibrar los elementos internos.
11. Phuwer (*Phu wer*) es la deidad que preside en el ciclo del ritual de *Phuwer gshen theg pa*, el primero de los nueve vehículos en que se dividen las enseñanzas del *bön* según la tradición de "la *terma* que proviene del sur" (*lho gter*).
12. El vigesimoquinto día del calendario lunar (calendario tibetano), cuando la luna está decreciendo, es conocido como el día de las dakinis. El día de las dakinis está asociado con la energía femenina despierta. Es por eso que en ese día muchos lamas realizan prácticas asociadas con

la energía femenina. El día de las dakinis es un momento apropiado para realizar la *ganapuya* (la Fiesta del Ofrecimiento Tántrico).

13. *Samaya (Sánscr.)*: Aunque el término *samaya* se traduce mayormente como "compromiso", y frecuentemente se refiere al compromiso de mantener una práctica de meditación o voto de una forma pura, el término que se emplea en los sueños es particular. En los sueños de Norbu Rimpoché, los términos *samaya* y *darmadatu* se refieren a niveles sucesivos de profundización en la relajación.
14. Contemplación: La práctica primaria del dsogchen en la cual se permanece continuamente en un estado de autoliberación. En dicho estado se permanece al margen de todos los conceptos de la mente dualista ordinaria, aunque se es muy capaz de emplear el intelecto y la mente racional. La contemplación no supone intentar encontrar experiencias de calma o claridad ni tampoco supone evitar distracciones. En contemplación, cuando surge un pensamiento no se suprime ni se sigue, sino que se autolibera espontáneamente y se disuelve. Es esta práctica de liberar todo lo que se presenta, lo que inspira a un maestro de dsogchen cuando da explicaciones sobre la naturaleza de la mente.
15. *Darmadhatu (Sánscr.)*: Este término se refiere normalmente a la sustancia esencial del ser, y a la dimensión de la realidad tal y como es. No obstante, en relación en este sueño se refiere específicamente al nivel más profundo de relajación.
16. *Thigle*: Existen diferentes definiciones de *thigle*. A un nivel define a algo sin ninguna esquina o ángulo, un círculo o esfera perfecta, por ejemplo, el *bindu* (gota) sánscrito. *Thigle* es también definido como la dimensión dentro de una esfera. *Thigle Chenbo* (gran esfera), que significa "aquello que lo abraza todo", es otro término para dsogchen. *Thigle* también puede significar "la esencia" como en *nyingthig*, que es la breviación de *nyingi thigle*, o "esencia del corazón". En otra definición, *thigle* es el semen en el hombre, y los fluidos vaginales en la mujer, que son vehículos físicos para llevar energía. En términos del Yoga de los Yantras, el *thigle* es la forma más esencial de las energías sutiles del cuerpo, también conocido en sánscrito como kundalini.
17. *Nangwa yiger Shar (snang ba yi ger shar)*: Surgimiento espontáneo de letras (sílabas).
18. Iniciación: Transmisión de poderes de cuerpo, habla y mente. La existencia humana se compone de cuerpo, habla y mente. Al principio es la dimensión del "cuerpo" que es la interrelación dinámica entre el cuerpo y el entorno físico. En tibetano hay dos términos diferentes para "cuerpo". *Lu* se refiere al cuerpo grosero de un ser humano ordi-

nario, mientras que *ku* se refiere al cuerpo sublime de un ser que ha alcanzado la Iluminación. En segundo lugar, existe la dimensión de nuestra energía conocida como "habla", que es representada por la palabra, la respiración y la energía psíquica. El habla ordinaria es *ngag,* mientras que el habla de un ser que ha alcanzado la Iluminación es *sung*. En la dimensión de la mente o de la actividad mental es *yid,* mente ordinaria, y *thuk*, mente que ha logrado la Iluminación. Por medio de la transmisión *(gyudpa)* de maestro a discípulo, tiene lugar una potencialización que se comunica a los tres niveles: material, energético y mental. La transmisión de dsogchen por el maestro se lleva a cabo con el propósito de revelar la verdadera naturaleza del individuo. La transmisión de poder o *wang* es un ritual en el cual la trasmisión tiene lugar. Ésta, en especial en la tradición tántrica, puede llegar a ser extremadamente elaborada, empleando instrumentos simbólicos y ceremonias. En dsogchen, el método de introducción directa que puede ser elaborada o no elaborada, se emplea para introducir un individuo a la naturaleza de su propia mente. Ver *The Golden Letters* de John Reynolds (Ithaca, Snow Lion Publications, 1997).

19. Rahula: Guardián principal de la enseñanzas de dsogchen. Se manifiesta en un aspecto terrorífico y feroz. Tiene poder total y según Namkhai Norbu Rimpoché, si no se respeta puede ocasionar considerable daño.
20. Mantra: Literalmente "protector de la mente". Mantra es el sonido de sílabas sagradas. Distintos mantras tienen diferentes funciones: algunos se emplean para remover y activar la energía del ser humano, mientras que otros crean un efecto apaciguador y calmante. En términos últimos, la meta del mantra es ayudar al practicante a trascender el pensamiento dualista. Muchos mantras son asociados con deidades en particular, y dentro del ritual tántrico son repetidas hasta que se consigue alcanzar las mismas cualidades despiertas que la deidad.
21. Mala: En la tradición budista, rosario de 108 cuentas que se emplea para contar mantras.
22. Ekajati: El principal guardián de las enseñanzas de dsogchen. Despierta desde el mismo principio, es una emanación directa *(trulpa)* de sabiduría primordial, del Buda Samantabadri que es el aspecto femenino del Buda primordial Samantabadra. Como el buda primordial Samantabadri Ekajati tiene la sabiduría que es todo conocimiento en relación con las 84.000 enseñanzas de dsogchen. Ekajati se manifiesta visiblemente en una forma particularmente iracunda para subyugar al tipo de seres poderosos y terriblemente dañinos llamados *mamo.*

"Ekajati" significa "un ojo", eso es un símbolo de la sabiduría. Lo que es único de su forma es que sólo tiene un ojo, un diente y un seno. Esos rasgos indican conocimiento no dual. Como protector principal de las enseñanzas de dsogchen, puede establecer contacto con un *tertön* o maestro de dsogchen cuando el tiempo es apropiado para revelar cierta enseñanza o *terma*. Norbu Rimpoché recibió una sadana de Ekajati como parte de su *gongter* en la práctica de Mandarava. La sadana es una invocación, dentro de la cual el practicante pide que Mandarava elimine todos los obstáculos a la consecución de todos los logros espirituales así como protección en el camino.

23. Tsedrup Gongdü: "La Unión de las Esencias Primordiales", la práctica de larga vida que Norbu Rimpoché trajo a Maratika. Esta práctica de larga vida era una terma del maestro raíz de Changchub Dorye, Nyagla Pema Dündul (1816-1872). La práctica fue originalmente transmitida directamente del Buda Amitayus a Guru Padmasambhava. Juntos como consortes, en la sagrada cueva de Maratika en el norte de Nepal, la Dakini Mandarava y Guru Padmasambhava practicaron y llegaron a mantener la Unión de las Esencias Primordiales, consiguiendo así la inmortalidad. En el siglo VIII para beneficio de generaciones futuras, Guru Padmasambhava escribió la práctica y la colocó dentro de una roca en Tíbet oriental como un tesoro escondido. Aproximadamente, mil años más tarde, en el siglo XIX, Nyagla Pema Dündul redescubrió este "tesoro escondido" o *terma*. Durante varios años practicó intensamente la práctica de larga vida. Al final de su vida consiguió el Cuerpo de Luz del Arco Iris. Nyagla Pema Dündul la transmitió a Changchub Dorye y Ayu Kadro, que ambos practicaron y así vivieron excepcionalmente largas vidas, 137 años y 116 años respectivamente. También obtuvieron el cuerpo de luz. Namkhai Norbu Rimpoché recibió la transmisión de esta *terma* tanto de Changchub Dorye como de Ayu Khandro, y actualmente transmite esta práctica para beneficio de sus estudiantes.

9. Una Entrevista con Chögyal Namkhai Norbu

Michael: Me gustaría hacerle unas pocas preguntas acerca de los sueños. Antes que nada, ¿cuál es la historia de la práctica de los sueños que hace usted?
Chögyal Namkhai Norbu: ¿Qué quiere decir "historia"?

M.: ¿Cuándo y por quién fue dada la primera enseñanza sobre los sueños? ¿Quién fue famoso por dar esa enseñanza?
N.: No es fácil responder a eso, porque las enseñanzas sobre los sueños proceden de diferentes tipos de enseñanzas tántricas, en particular del *Tantra Mahamaya*, pero también de las enseñanzas de dsogchen.

M.: ¿Cuándo se escribió el *Tantra Mahamaya*?
N.: Más allá del tiempo, no se puede decir cuándo fue escrito.

M.: ¿Existe algún autor en particular?
N.: (Sonriendo) No hay autor en las enseñanzas del tantra. Quizá un mahasida transcribió estas enseñanzas y las introdujo desde Oddiyana[1] en India. Después de todo, Saraha introdujo el tantra de Guyasamaya y Tilopa introdujo el tantra de Chakrasambara. Es posible decir que eso sea la historia de la transmisión del tantra, pero no existe una historia original de los tantras.

M.: Rimpoché, algunas veces usted ha enseñado prácticas de los sueños donde se visualiza una sílaba ཨ blanca[2] en el corazón, pero en otras ocasiones usted ha explicado que uno debe visualizar una ཨ en la garganta. ¿Cuáles son las diferentes condiciones en la que hay que visualizar la ཨ en el corazón o en la garganta?
N.: La visualización de la sílaba ཨ en la garganta es específica para

recordar los sueños. La visualización de la ཨ en la garganta tiene la función de controlar la energía y tener claridad. Cuando visualizamos una ཨ blanca en el corazón, estás trabajando con el principio de la luz natural; que es otro método.

M.: ¿Por qué soñamos?
N.: Bien, algunas veces soñar es debido a *pagchag*, las impresiones del día. Éstas incluyen nuestras ansiedades, actitudes y preocupaciones. También existe otro tipo de sueño que surge de nuestra claridad. Este tipo de sueño depende de las circunstancias de la persona y de la claridad.

M.: ¿Cómo diferenciamos entre los sueños que surgen de nuestra claridad y los sueños que surgen de nuestras impresiones *pagchag*?
N.: Si hemos tenido un día agotador, y todo lo que podemos hacer es comer y caer en un sueño profundo, no es muy probable que tengamos un sueño de claridad. Casi siempre, en semejantes circunstancias soñamos con algo que nos preocupa. Incluso puede ser difícil recordar ese sueño debido al dormir tan pesado. Por otro lado, al acercarnos a las primeras horas de la mañana y estar cerca de despertarnos, nuestros sueños pueden hacerse muy claros. Es mucho más probable que estén asociados con nuestra claridad durante ese periodo. Si un sueño es asociado con la claridad, puede tener un sentido especial para nuestras vidas. Puede indicar muchas cosas.

M.: ¿También es así para alguien que practique el yoga de los sueños?
N.: Si eres un practicante del yoga de los sueños, los sueños que surgen de la claridad se desarrollarán y aumentarán. No obstante, los sueños relacionados con la claridad existen para todo el mundo. Todos poseemos la claridad innata.

M.: ¿Cuándo empiezan a soñar los bebés? ¿Es que el contenido de sus sueños refleja vidas previas así como *pagchag*?
N.: Sí, decimos que los bebés tienen más sueños que surgen de las impresiones de una vida anterior. Los niños pequeños pueden recordar más fácilmente acontecimientos de una vida anterior; su claridad está menos obstruida. Lentamente, a medida que el niño crece, cambia y se crean las tensiones y apegos a la vida ordinaria.

M.: ¿Sugeriría usted que los padres que practican el yoga de los sueños les enseñasen a sus hijos a una corta edad y les animaran a desarrollar sus sueños?
N.: No, no lo creo. No es tan fácil para los niños.

M.: ¿Hay una edad en particular cuando empiezan a soñar los niños? ¿Empiezan a hacerlo inmediatamente después de nacer?
N.: Pienso que sueñan casi de inmediato.

M.: En ocasiones, cuando soñamos que recibimos consejos que parecen lógicos ¿es que estamos recibiendo consejos?
N.: Sí, de nuevo existen dos posibilidades. Si el sueño está relacionado con la claridad se pueden recibir consejos e información muy útil. Por otra parte, si estás bajo fuertes tensiones o apegos puede que también recibas consejos en un sueño, pero no diría que es un consejo perfecto.

M.: ¿Puede darnos un ejemplo de un sueño específico que haya tenido relación con la claridad?
N.: Sí, muchos años atrás tenía una amiga en Italia. Era una buena amiga, una cantante con talento y también tenía interés en la práctica. Ése no era el caso de su familia. En cualquier caso, una noche soñé que conducía un coche hasta Nápoles. Entonces vi un coche rojo dirigiéndose hacia mí. Cuando me fijé más, reconocí al conductor –era mi amiga y parecía enojada–. Di la vuelta y regresé a Roma y pronto llegué frente a mi casa. Mi amiga llegó un poco después. Ya no parecía enfadada, sino que me dijo, "quiero darte las gracias por tu ayuda". En mi sueño, le daba un reloj suizo. A continuación la miré de nuevo y no tenía cabeza. Me sorprendió mucho. Me desperté sintiéndome muy extraño. Intenté llamarla pero respondió su madre diciéndome que había ido a Lugano en Suiza. Di a su madre el mensaje que me llamara, pero no tuve noticias suyas así que llamé de nuevo. Su madre me contó que había vuelto brevemente a casa de Lugano para salir hacia Yugoslavia para dar un recital que tenía concertado. Su madre no le había dado el mensaje porque no aprobaba nuestra amistad. Cuando regresó de Yugoslavia partió de nuevo, está vez para Nápoles. En la carretera tuvo un accidente fatal. Éste es un ejemplo.

M.: Rimpoché, usted ha tenido sueños en los que recuerda un libro de enseñanzas particulares. ¿Cómo funciona esto?
N.: Un sueño así también es un tipo de sueño relacionado con la claridad. En este tipo de sueño se pueden hacer muchas cosas, como estudiar, leer o aprender.

M.:¿Podría darnos algunos ejemplos de sueños que los tibetanos consideren importantes?
N.: Te voy a dar dos posibles interpretaciones del mismo sueño. Si estás haciendo alguna práctica de purificación, soñar que estás lavando o tomando un baño sería positivo. Significaría que tu purificación está teniendo éxito y que estás desarrollando tu claridad. Si no estás practicando meditación y sueñas algo similar, te diría ten cuidado, puesto que puede indicar que está en peligro de perder tu dinero o riqueza.

M.: Usted ha dejado entrever que cuando se desarrolla la claridad en los sueños, a veces se puede predecir el futuro. ¿Ha tenido algunos ejemplos en su experiencia con sus propios sueños o con aquellos de sus maestros?
N.: Si desarrollas claridad, ciertamente puedes tener este tipo de manifestaciones en los sueños. Por medio de ellos puedes, en ciertas ocasiones, descubrir algo sobre el futuro. Los sueños de claridad están relacionados con nuestra sabiduría innata y las semillas kármicas que hemos creado con nuestra experiencia en la práctica de meditación y las acciones positivas que realizamos en nuestra vida.

En relación con las semillas kármicas que hemos acumulado, existe también la posibilidad de que estas potencialidades pueden manifestarse cuando existan condiciones secundarias[3] que las hagan madurar. Con las condiciones secundarias apropiadas pueden tener lugar manifestaciones como soñar sobre acontecimientos futuros. Podemos encontrar muchos ejemplos de estas manifestaciones en la biografía de los maestros de meditación.

Nosotros mismos podemos tener este tipo de sueños, sueños que nos dan la posibilidad de ver o entender algo. Éste es un aspecto del sueño de claridad. Por ejemplo, hace ya muchos años, fue en 1960, cuando sólo llevaba un año viviendo en Italia, soñé que estaba hablando con alguien que no conocía. Esta persona me explicó cómo sería la situación política algún tiempo después.

Me contó que China y Rusia tendrían problemas concretos. En el sueño contesté que esto era imposible, porque sabía que estos dos países tenían una profunda relación –ambas compartían los mismos puntos de vista comunistas–. Cuando estuve en China había una Asociación Soviética que colaboraba con China en publicidad y educación comunista.

Por todo ello pensé que era imposible que China y Rusia fueran a tener problemas. Sin embargo, la voz me aseguró que habría conflictos entre los dos países. Continuó contándome que no sólo habría problemas entre la Unión Soviética y China, sino que además se establecerían lazos de amistad entre China y EE.UU. Le respondí que eso era inviable.

La voz dijo que a pesar de todo iba a suceder, porque la situación entre China y los EE.UU. era de distinta naturaleza que la relación entre la Unión Soviética y China. Ambos, EE.UU. y China están interesados en intercambios comerciales y en los negocios. No existen problemas a causa de compartir las fronteras, al contrario que entre China y la Unión Soviética porque EE.UU. y China están muy lejos uno de otro. Éste fue uno de mis sueños. Al día siguiente le conté este sueño a mi colaborador Gueshe Jampel Senge. Él creyó que este sueño era bastante improbable.

Después de unos meses, vimos en los periódicos que China y la Unión Soviética tenían problemas serios. Mi amigo Gueshe se llevó una gran sorpresa. Más tarde se sorprendió todavía más cuando EE.UU. y China desarrollaron una relación mejor. Este sueño es un ejemplo de un sueño por medio de la claridad; el sueño se prueba a sí mismo en una situación real.

Una de las formas principales para que los practicantes desarrollen claridad en los sueños es tener éxito al hacer la práctica de la luz natural. Por medio de esto, surge la consciencia de los sueños. Pero no sólo la consciencia. Al hacer esta práctica continuamos desarrollando la claridad de los sueños y disminuimos nuestros sueños de *pagchag* corrientes. Al desarrollar la claridad en los sueños, se desarrolla la consciencia de los sueños.

De esta manera uno puede utilizar muchos métodos de práctica en el estado onírico. Existen muchas técnicas de práctica que no podemos emplear fácilmente durante el estado de vigilia, porque tenemos limitaciones a nivel físico. Incluso si tenemos una buena idea de cómo llevar a cabo estas técnicas, no es que sean fáciles de aplicar. En el momento de soñar, sin embargo, no tenemos en funcionamiento nuestros órganos de los sentidos, por lo cual no estamos limitados por el cuerpo material y así podemos aplicar con más facilidad muchos métodos.

Por medio de la experiencia de la práctica en los sueños, podemos tener una fuerte experiencia y comprensión del estado semejante al soñar de la naturaleza de la vida cotidiana. De esta forma, disminuimos nuestros apegos y nuestras tensiones, y podemos entender verdaderamente lo que quiso decir el Buda Shakiamuni cuando dijo que todo es irreal y como una ilusión o un sueño. El hecho de que disminuya el apego se debe a que el apego se basa en una fuerte creencia de que los fenómenos de esta vida son importantes y reales.

M.: En cierta ocasión soñé que me ponían una multa por aparcar en una zona prohibida. Me acordé del sueño al día siguiente y me propuse tener mucho cuidado. Me tomé muy en serio el poner dinero en el parquímetro para que no me multasen. Mientras paseaba, era consciente del tiempo para que no se me pasase la hora de estacionamiento. A pesar de todo, cuado volví al coche era un minuto más tarde de la hora y me encontré con una multa como había visto en mi sueño. Había intentado con todas mis fuerzas evitar esta consecuencia. ¿Es posible cambiar el resultado de una secuencia de acontecimientos, después de haber soñado de cierta manera?

N.: Algunas veces es posible colaborar con nuestros sueños de claridad. Puede ser muy útil para superar muchos problemas. Sin embargo, cambiar acontecimientos no es tarea fácil porque todo está relacionado con causas secundarias. En ocasiones existen causas secundarias muy complicadas, y no es mucho lo que se puede hacer. Te conté la historia de una de mis amigas en Italia. Tuve un sueño muy complicado sobre ella, pero no pude hacer nada. Éste es un ejemplo. Con todo, algunas veces cuando sabemos que un sueño dice algo sobre el futuro, podemos modificar nuestros planes para evitar un problema potencial.

En otra ocasión, cuando me preparaba para viajar a China en mi segunda visita, tuve muchos malos sueños, noche tras noche. Me sentí perturbado por estos sueños y empecé a sentirme preocupado por tener que viajar a China. (Entonces, Rosa, mi esposa y mi hijo Yeshe fueron de vacaciones al norte de Italia). Mi intención era ir a China. Sin embargo, el día que mi mujer y mi hijo se marcharon de viaje tuvieron un accidente en el norte de Italia.

Esa misma mañana, de madrugada tuve un mal sueño en el que conducía un coche muy deprisa. Me aproximaba a un lugar donde la carretera terminaba y traté de detener el coche, pero no pude, iba demasiado rápido. Si continuaba me iba a caer por un precipicio. No sabía qué hacer y sentí mucho miedo. En este momento me dí cuenta de que estaba soñando y que la situación no era real. De inmediato, transformé el coche en un caballo. Me encontré cabalgando en un caballo, un gran caballo de piedra. No me caí del precipicio. Después de despertarme, durante el desayuno, uno de mis estudiantes vino de Roma para llevarme al aeropuerto. Le conté mi extraño sueño de la noche anterior y de las últimas noches de malos sueños. Más tarde, antes de irme, recibí una llamada desde el norte de Italia. Me enteré de que mi mujer, Rosa, y Yeshe se habían visto involucrados en el accidente.

Pensé que el sueño correspondía sólo a su situación negativa, que no era muy peligrosa. Estaban en el hospital, pero no era nada serio. Todavía pensaba ir a China y al día siguiente debía ir a Roma. Pero esa mañana tuve otro sueño negativo. Estaba medio dormido. En ese estado entre soñar y estar despierto, alguien me dijo con toda claridad, "no debes viajar". Era muy claro. A continuación, me desperté. Pensé que alguien me hablaba de verdad, pero descubrí que la voz era un sueño.

Cambié mis planes y no viajé a China. No sé lo que habría pasado si hubiese viajado en aquella ocasión. No es fácil saber cuál era exactamente el problema. Lo único que puedo decir es que un mes más tarde tuve noticias de que en China y en Lhasa habían encarcelado a mucha gente y algunos murieron porque fueron considerados un peligro para el comunismo. No sé si éste era el problema o si tenía que ver con el avión. A veces, es posible superar la mala suerte por claridad en los sueños; esto es muy útil.

M.: Rimpoché, usted ha dicho que a la hora de la muerte se puede utilizar la conciencia desarrollada en la práctica de la luz natural y en la práctica del sueño tántrico. También he oído decir que la concentración después de la muerte es siete veces más fuerte. ¿Podría hablar sobre cómo liberarse a la hora de la muerte y cuánta experiencia debe tener un occidental en sueños lúcidos para que sea posible alcanzar la liberación? ¿Cuáles son sus ideas al respecto?

N.: Si se han tenido algunos sueños de claridad, se pueden tener beneficios y posibilidades relacionadas con las enseñanzas y el camino. No obstante, si se está interesado en utilizar la práctica para liberarse después de la muerte, si se necesitara la transmisión del método y enseñanzas de este tema durante esa vida.

Como ejemplo, discutamos *shitro*[4], lo que se conoce en occidente como *El Libro Tibetano de los Muertos*. Es una práctica relacionada con las manifestaciones apacibles e iracundas.

Cuando recibes una transmisión –la transmisión de poder de un maestro a su discípulo para practicar un método específico– entonces, por medio del poder de esta transmisión, algo se conecta con tu potencial que hasta entonces ha permanecido latente, como una semilla kármica sin manifestar. Consecuentemente, empleas la experiencia de la práctica en esta vida. Significa que estás desarrollando la posibilidad de que se manifiesten sus potencialidades.

Un sencillo ejemplo de potencial es un espejo. Si miras en un espejo descubres que tienes un potencial infinito, sin limitaciones. Podría ser un pequeño espejo, incluso éste puede reflejar todo un paisaje. El reflejo está más allá del tamaño del espejo. Por medio del reflejo del espejo, puedes descubrir sus potencialidades infinitas; el reflejo es muy importante para descubrir esa naturaleza.

Si en nuestra vida recibimos una transmisión y después unificamos el poder de esa transmisión por medio del poder del mantra, y a continuación practicamos y nos preparamos para la serie de manifestaciones apacibles e iracundas que tienen lugar en el bardo de la naturaleza de la existencia, antes del bardo ordinario, entonces tenemos la posibilidad de esta manifestación. Porque ya hemos hecho preparativos, tenemos las potencialidades de esta manifestación específica, y simultáneamente lo reconocemos como nuestro propio potencial, nada más.

Cuando por medio de la transmisión y el método reconocemos esto podemos tener la verdadera liberación. Liberación quiere decir entrar en nuestra verdadera naturaleza. Ya no dependemos más de los pensamientos, juicios y visiones kármicas condicionadas[5].

Cuando los practicantes de la noche mueren tienen la posibilidad de la liberación. Para aquellos que no tienen la capacidad de actualizar el momento de la muerte de esta manera, hay una vuelta al estado del bardo. Dicha vuelta significa que renaceremos de nuevo y tendremos las funciones de la mente y la consciencia de los sentidos, ambos muy similares a sus opuestos en el estado del sueño. La diferencia es que dentro del estado del sueño nuestras funciones de la consciencia no dependen del mundo material y los órganos de los sentidos. Por esta razón, tenemos siete veces más claridad en el bardo que durante nuestras vidas, como se explica en el tantrismo.

M.: He leído muchos relatos de gente en occidente que ha tenido experiencias de sueños lúcidos. Pueden transformar una pesadilla en una situación apacible o pueden superar el miedo dentro de un sueño. Si nunca han oído hablar de las prácticas del tantra y el dsogchen pero han tenido experiencias de lucidez y saben lo suficiente para transformar sus sueños negativos en circunstancias positivas, ¿podrían transformar en el bardo de la existencia una manifestación iracunda en positiva y obtener como mínimo un renacimiento favorable o incluso la liberación completa?

N.: Si se tiene la experiencia de transformar una mala situación en una situación apacible dentro de un sueño, sólo significa que se tiene esta experiencia en el sueño. Cuando se posee la capacidad de transformar lo malo en bueno o apacible dentro de un sueño, no significa en absoluto que se tenga esa capacidad en el bardo después de la muerte.

Si quieres liberarte debes tener el poder de conectar con la consciencia de tu verdadera naturaleza. Tu auténtica naturaleza no es una visión dualista. Las ideas de lo bueno y lo malo están ligadas con la percepción que en sí misma es el resultado de nuestro karma. Tener conocimiento del bardo es otra situación. En primer lugar necesitas un método para descubrir tu potencial, a continuación descubres cómo tu potencial está más allá de la vida y la muerte, y más allá de las limitaciones de tu visión ordinaria de bueno y malo. Si no tienes esa comprensión de tu verdadera naturaleza no creo que te sea posible liberarte en el bardo.

M.: Esto nos lleva a los métodos del dsogchen, el conocer nuestra verdadera naturaleza por medio de la transmisión directa y la práctica del sueño y la luz natural. ¿Podría explicarnos algo sobre las prácticas del dsogchen y cómo se recibe la transmisión? ¿Cómo las prácticas del dsogchen desarrollan la capacidad de liberarse a la hora de la muerte o nos llevan a tener experiencias de claridad a la hora de la muerte? ¿Cuál es la relación entre todas las prácticas de los sueños y todo lo que hemos hablado en términos de dsogchen, es decir, la relación entre las prácticas que se realizan en la noche, en los sueños y la consciencia de *rigpa* durante el día?

N.: El principio de las enseñanzas dsogchen es el conocimiento. Necesitamos entender nuestra condición real, eso es algo que sólo podemos hacer por medio del conocimiento de nuestra existencia. Por ejemplo, decimos que la mente es una de nuestras tres existencias –cuerpo, palabra y mente–. Pero también es la raíz de las tres existencias. Cuando usamos el término mente, nos referimos a la mente como una condición relativa, con la cual pensamos y juzgamos. Llegamos un poco más allá cuando decimos naturaleza de la mente. Pero no existe posibilidad alguna de descubrir la naturaleza de la mente si no sabemos lo que es la mente.

La mente forma parte de nuestra condición relativa, nuestra existencia de cuerpo, palabra y mente. Cuando descubrimos el conocimiento de nuestra condición real en las enseñanzas de dsogchen, lo llamamos el estado de *rigpa*, o el estar en nuestra verdadera naturaleza. Este conocimiento también es la raíz de la práctica de los sueños.

Los sueños forman parte de nuestra vida. En nuestra vida tenemos el día y la noche. Por la noche tenemos confusión en nuestros sueños; de día tenemos confusión en nuestra mente juzgamos, pensamos, creamos muchas cosas. Así es como transcurre nuestra vida. Ser consciente o mantener nuestra atención durante los sueños significa mantener la misma consciencia que tenemos durante el día. Si con la práctica de la contemplación no tenemos capacidad de permanecer en el estado de *rigpa*, –el estado de conocimiento verdadero– durante el día tampoco lo podremos tener durante la noche. Es el mismo principio. Si al menos tenemos este conocimiento de *rigpa* con muchas experiencias durante el día, entonces, cuando utilicemos este conocimiento al ir a dormir será fácil de permanecer en dicho estado. Podemos tener más experiencias durante el tiempo de los sueños que durante el día. Así pues, ésta es la relación de la práctica con la experiencia de la noche.

M.: ¿Ocurre lo mismo en el tantra?
N.: Sí, en el tantra ocurre más o menos lo mismo que en el dsogchen.

M.: He oído decir que para recibir, entender y desarrollar estas prácticas es esencial haber recibido la transmisión de un maestro. ¿Es necesario recibir la transmisión de un maestro para desarrollar las prácticas que desarrollan la consciencia de los sueños? Parece ser que en occidente mucha gente ha tenido experiencias con los sueños lúcidos. ¿Cuál es y cómo es de esencial la relación entre la transmisión y el desarrollo de la lucidez en el estado de los sueños?
N.: Si sólo deseas tener una limitada experiencia de los sueños, ser consciente de ellos o incluso llegar a tener algunas experiencias de claridad puedes conseguirlo sin tener ninguna transmisión. Sin embargo, si quieres considerar la experiencia de los sueños como tu camino, ver cómo te afecta más allá de tu vida, después de la muerte y utilizar la práctica del sueño para preparar tu bardo, entonces necesitas recibir la transmisión. De otro modo, no podrías ir más allá y tener la posibilidad de utilizar diferentes métodos de práctica.

Se puede finalmente descubrir el significado de una enseñanza aún cuando en el momento de la transmisión no se entienda. Para llegar a la comprensión es necesaria la transmisión. La comprensión está relacionada con nuestra claridad y nuestra energía. Si se tiene una transmisión existe una continuidad, la posibilidad de que se produzca una repetición. Por ejemplo, si se ha tenido la transmisión de la práctica de *shitro*, se tiene la posibilidad de que se manifieste en el bardo.

M.: Si se leen estas prácticas de los sueños en un libro ¿se podrían practicar aún careciendo de la transmisión?

N.: Depende. Una persona puede obtener resultados y otra no. No hay garantía. Pero si se sigue la transmisión de una forma precisa se pueden tener muchas experiencias.

M.: Así pues, ¿podríamos decir que la transmisión en sí misma no disminuye el karma ni crea méritos?
N.: Todo es relativo.

M.: Rimpoché, existe un texto de dsogchen de Mipham en el que se explica la práctica de la atención y la contemplación. ¿Cómo se puede llegar a entender este texto y aplicarlo día y noche?
N.: Cuando se lee un libro pueden entenderse todos los conceptos de una forma intelectual. Si recibes una transmisión de un maestro, puedes tener un sabor diferente.

M.: Rimpoché, parece que usted tenga un método de transmisión mucho más informal que otros lamas...
N.: No es algo que yo haya inventado. Es la tradición de las enseñanzas dsogchen. En el dsogchen hay una manera de transmitir. De forma similar, un profesor de filosofía, por medio del lenguaje filosófico transmite conocimiento y saber. Este método funciona para aquellos que están condicionados por él. Las personas que se sienten condicionadas por el método del tantra pueden recibir la transmisión por medio de la ceremonia. La gente sencilla puede recibir la transmisión hablando, como dos personas, dos amigos que se encuentran. Esa también es una forma de transmisión y conocimiento. La cuestión es que se debe experimentar el conocimiento real. Sin eso, podrán recibirse cientos de iniciaciones y explicaciones, pero en la tradición del dsogchen eso no quiere decir gran cosa.

M.: ¿Es importante ser consciente de que se está recibiendo una transmisión?
N.: Depende de quien sea el que la reciba. Si se está preparado y se tiene la capacidad de recibir la transmisión, entonces cualquier forma utilizada por el maestro para transmitir podría ser muy útil y la persona se beneficiaría. Si no se está preparado ni se tiene capacidad, no es fácil.

M.: Si alguien recibe una transmisión pero no la entiende en ese momento ¿continúa teniendo valor recibirla o el valor se encuentra sólo en la comprensión que se pueda adquirir por ella?
N.: Si alguien recibe una transmisión pero no la entiende, en ese momento no hay mucho beneficio. Cuando recibes una transmisión y te despiertas, entrando realmente en ese estado de conocimiento, entonces ahí están los beneficios.

M.: En occidente existe al menos una tradición que cree que todos los elementos de un sueño representan aspectos o proyecciones de quien las sueña. En ocasiones se pide al sujeto que dramatice cada elemento del sueño para obtener información sobre él. ¿Qué piensa de ello?
N.: Debemos diferenciar entre los sueños que nacen de los *pagchag* y los que surgen de la claridad. Si se trata de sueños que se han originado a partir de las impresiones diarias, es posible aprender algo sobre el sujeto que sueña tal y como lo has descrito. Si el sueño tiene su origen en la claridad, es otro asunto, son algo más que proyecciones.

M.: ¿Cuál es el significado de andar o hablar durante el sueño?
N.: Si alguien duerme muy profundamente y tiene sueños relacionados con *pagchag* –sus preocupaciones–, vive el sueño como algo real y concreto. Está muy relacionado con dicha condición. Esa es la razón por la cual no sólo sueñan sino que además hablan y andan. Si realmente te enojas en un sueño puedes incluso saltar.

M.: En ciertas ocasiones parece que los sueños se presentan a toda velocidad. ¿Porqué sucede esto?
N.: Existen dos razones. La primera es que nuestra mente, en general, no tiene limitaciones. La mente funciona muy deprisa. Algunas veces, en un periodo de tiempo muy corto podemos soñar las acciones de todo un día. La segunda razón es que los sueños pueden estar relacionados con la agitación, y cuando estamos agitados, los sueños se suceden rápidamente.

M.: ¿Existe alguna relación entre el soñar y almacenar información en nuestra memoria?

N.: Si eres consciente es posible aprender e incluso adiestrarte dentro de los sueños.

M.: ¿Cuando se duerme en la luz clara puede haber sueños?
N.: Si duermes en la luz clara, tus sueños se relacionan más con la claridad y mucho menos con los *pagchag*. Tus sueños se vuelven más claros y significativos.

M.: ¿Cuál es la diferencia entre nuestro estado de sueño y nuestra experiencia ordinaria de vigilia?
N.: Nuestra experiencia de vigilia es más concreta y está unida a nuestro apego, mientras que soñar está ligeramente libre de apego. Empleamos la palabra irreal porque en los sueños ya tenemos una idea o conocimiento del sujeto.

M.: En un sentido absoluto y para un lama o un practicante avanzado ¿existe diferencia entre las experiencias de estar despierto y soñar?
N.: Tal vez si se es capaz de integrar completamente la experiencia se puede encontrar el mismo principio y la misma condición en los dos estados. En ese caso la vida es realmente un sueño.

M.: ¿Qué relación tiene el cuerpo máyico[6] –del que se habla en *Los Seis Yogas de Naropa*[7]–, con el soñar?
N.: Soñar es el principal camino para comprender el cuerpo ilusorio. Si se tiene experiencia del cuerpo es fácil entender cómo funcionan los sueños.

M.: ¿Cuál es el valor de desarrollar el cuerpo ilusorio?
N.: Con un cuerpo ilusorio desarrollado llegas a tener una total comprensión de lo irreal.

M.: ¿Cuándo se desarrolla la capacidad del cuerpo ilusorio se llega a ser capaz de proyectar este cuerpo tanto al estar despierto como al dormir?
N.: Es posible, porque todo es integrado.

M.: Si se recibe una enseñanza o transmisión durante un sueño, ¿es

éste tan válido como si se estuviese despierto y se recibiese una transmisión?
N.: Si durante el sueño eres realmente consciente entonces tiene el mismo valor.

M.: ¿En términos generales se podría decir que si no se está lúcido durante un sueño en el que se recibe una transmisión, no es de gran valor?
N.: A veces, un sueño de transmisión puede indicar una interferencia, por ejemplo un *gyalpo*[8].

M.: Hace poco tuve un sueño en el que estaba con un lama que me contaba lo que había significado otro sueño. ¿Es éste un sueño de claridad?
N.: Depende de lo que se estaba explicando y quien lo explicaba. Un sueño similar no siempre es un sueño de claridad. También podría tratarse de espíritus creando problemas.

M.: ¿Cómo se puede discernir un sueño de transmisión genuino de un obstáculo?
N.: Tiene que ver con el conocimiento que tengas de cómo te sientes. A medida que se desarrolla la claridad los sabrás distinguir. Si se ha tratado de un obstáculo puede que te sientas mal al día siguiente.

M.: ¿Puede un maestro entrar en el sueño de su discípulo?
N.: Sí.

M.: ¿Existen otras cosas inusuales que pueden ocurrir en sueños o por medio de ellos?
N.: Inusual es un término relativo, pero voy a relatar varias historias que pueden ser ilustrativas. Ocurrió una vez, hace muchos años en una provincia de la zona oriental de Tíbet. Había dos familias que tenían parentesco. Una de las familias tenía una hija. Cada día iba a una montaña llamada Gundron.

Gundron es el hogar de un guardián importante de la zona. Hay una roca particular en esta montaña que es el territorio de esta deidad. La hija joven iba cada día a este lugar a pastorear su rebaño. Cuando llegaba al lugar solía descansar debajo de un saliente de la roca mientras los corderos pastoreaban. Un día que llovía se cobijó debajo de la roca y se durmió un buen rato. En su sueño se encontraba cerca de la roca con un hombre joven y muy fuerte. Para ella todo parecía muy real aunque sólo se trataba de un sueño. Hablaron y tuvieron contacto sexual.

Más tarde, cuando se despertó se dio cuenta de que todo había sido un sueño, pero después de unos meses descubrió que estaba embarazada. Sus padres se sorprendieron porque donde vivían no había hombres. Estaban en un lugar muy alejado de otras familias. Después de nueve meses dio a luz a un bebé muy fuerte. Creció para ser un hombre especial. No tenía un aspecto muy atractivo pero era físicamente muy fuerte. Construyó una casa con grandes árboles y se hizo muy famoso por ser tan fuerte.

En aquella época hubo un rey en Derge, Tíbet oriental, que tuvo un problema con las invasiones de los mongoles. El rey hizo una proclama para solicitar que todos los hombres de la región se alistaran como soldados. El hombre fuerte se hizo muy famoso porque derrotó a muchos soldados mongoles y más tarde se convirtió en jefe de la provincia. Esta historia estaba escrita en un libro que leí sobre la historia y los orígenes de la familia de mi madre. Os gustaría saber si creo esta historia, ¿verdad? Sí, la creo. Muchas historias familiares como éstas se cuentan en Tíbet. No son nada raras en la antigua historia de Tíbet.

Dentro de la tradición *bönpo* existen referencias habituales a los *theurang*. El *theurang* es un tipo de ser, cercano a los seres humanos pero no totalmente humano. Los *theurang* pertenecen a la clase de los *nyen*[9]. La mayoría de los guardianes locales son considerados una clase de *nyen*. Estos, a su vez se dividen en *masang* o *theurang*.

Estos seres son muy cercanos a los humanos. Como ya se ha dicho, ha habido relaciones sexuales entre los humanos y los *theurang* y se han formado varias generaciones. De hecho, existe otro libro sobre la historia del primer rey tibetano. Llegó de Tíbet oriental, de una zona llamada Puwo. Según este relato, escrito por un maestro de dsogchen del siglo XI, hubo una mujer que tuvo contacto con un *theurang* del que nacieron varios hijos. Uno de ellos se llamo Ubera. Cuando el chico creció, algunos sacerdotes *bönpo* realizaron ciertas adivinaciones y cálculos astrológicos ya que el chico mostraba poderes extraordinarios –estaban un poco asustados de dichos poderes– por lo que consideraron que podía tratarse de un niño *theurang* y que por lo tanto era preferible echarlo de la región o podrían tener problemas. A partir de entonces empezaron a llevar a cabo diversos ritos para que el *theurang* se fuera y finalmente consiguieron expulsarlo de Puwo. Más tarde consiguió llegar a la región central de Tíbet. En aquella época no había rey en esa zona de Tíbet. Cuando la gente descubrió que tenía poderes extraordinarios, fue prontamente investido como rey. Fue llamado Pugyal. *Gyal* significa "rey" y *Pu* quiere decir que procede de la región de Puwo. Su nombre es muy conocido como el primer rey tibetano, pero la gran mayoría desconoce el origen de su nombre. El libro de historia que he mencionado cuenta este relato y otros ejemplos de contactos entre los seres humanos y los *theurang*.

El siguiente caso ocurrió no hace mucho tiempo. Fue cuando decidí visitar el lugar de los antiguos reyes Shangshung en Tíbet. Viajábamos en coche pero cuando estuvimos cerca optamos proseguir con caballos y yaks. En el lugar donde nos detuvimos habían algunas antiguas ruinas, mucho más antiguas que las que habían sido destruidas durante la revolución cultural. Entre dichas ruinas emplazamos nuestro campamento. Varias estructuras derruidas nos rodeaban. Muy cerca de allí se levantaba un montículo de tierra muy intrigante. Al preguntar a la gente del lugar nos enteramos de que se trataba de los restos de un monasterio *bönpo* llamado Shangshung. Puesto que se trataba de un monasterio muy antiguo nadie nos pudo decir más.

Aquella noche tuve un interesante sueño. En él había un monasterio muy bonito con cuatro puertas dirigidas a las cuatro direcciones. Entré en él por la puerta de poniente. En su interior descubrí una estatua gigante de un yogui con tres ojos. En la mano derecha sostenía un *gyaltsen*, una bandera de la victoria. En la izquierda una *kapala*[10], –una copa hecha con un cráneo–. Me acerqué a ella y me di cuenta de que había una inscripción en tibetano que decía "Trenpa Namkha". Trenpa Namkha fue un famoso maestro *bönpo* de Shangshung. No se trataba del Trenpa Namkha de Tíbet, uno de los veinticinco discípulos[11] de Guru Padmasambhava. Trenpa Namkha de Shangshung era de una época anterior.

En mi sueño, salí del templo por la puerta occidental. Fuera y a mi alrededor se alzaban muchos *chorten*[12], de repente, mi visión se transformó y ya no había *chorten* sino sólo montículos de tierra.

Me pregunté qué pasaba. Al darme la vuelta para ver el templo, descubrí que se había desvanecido. Todo lo que quedaba eran montañas de tierra. Me sentí sorprendido y me dije a mí mismo: "En cierta ocasión aquí hubo un templo y muchos *chorten*, hoy existen sólo como montones de tierra". En mi sueño tuve la certeza de que ésta era una experiencia de claridad. Entonces dirigí mi mirada hacia el oeste a un montón de tierra, las ruinas de un *chorten*. De este *chorten* emanaba una luz, muy parecida al reflejo del sol en un trozo de cristal. A medida que me iba acercando la luz iba disminuyendo. Cuando alcancé el *chorten*, la luz se había desvanecido completamente y sólo quedaba un agujero en el *chorten*. Yo pensé: "debe haber algo dentro de este *chorten*", a la vez que puse mi mano dentro del agujero. Era un hoyo muy profundo puesto que tuve que meter el brazo hasta el hombro. Notando un objeto dentro lo cogí con mi mano y lo saqué. Era una antigua estatua de *garuda*[13] de la época de Trenpa Namkha; me sentí muy feliz con lo que acababa de encontrar no obstante, era perfectamente consciente de que estaba soñando durante todo el tiempo. Entonces me desperté. Era la hora de recoger nuestras tiendas y me olvidé del sueño.

Mientras que se cargaban los caballos y los yaks me dediqué a filmar las ruinas. En cierto lugar, me encontré cerca de un montón de tierra donde había visto el *chorten* en el que encontré el *garuda* en el sueño. En ese instante me acordé del sueño y dirigí mi mirada hacia el *chorten* para ver si había alguna luz que saliera de él. Aunque no note nada sí que vi un agujero. Puse mi mano en su interior aunque el agujero no era tan hondo como en mi sueño. Tuve que arañar la tierra en cuyo proceso me rompí las uñas. Cuando llegué a tener mi brazo metido en el agujero completamente noté algo. Lo saqué. Se trataba de una estatua de *garuda* de metal, igual que en mi sueño. Era muy antigua. Se puede ver la imagen de la estatua en la película que rodamos durante nuestro viaje a Tíbet.

Este acontecimiento tuvo lugar cerca del Monte Kailash[14] durante el verano de 1988. Es un ejemplo de cómo los sueños se relacionan con algo concreto.

M.: ¿Cuáles son los resultados finales de trabajar con los sueños?
N.: Si se es un practicante muy avanzado se puede dejar de tener sueños. Si se es moderadamente avanzado se reconocerá que se está soñando. Y como mínimo, si se practica, los sueños se harán más claros y más significativos.

M.: Rimpoché, ¿está siempre lúcido en sus sueños?
N.: No, no siempre. Depende de las circunstancias.

Notas

1. Oddiyana: La localización y existencia de este país ha sido ampliamente debatido por los entendidos. Ha sido situado en el valle del Swat de Pakistán, en Afganistán, y en Tíbet occidental. Oddiyana es el lugar de origen de los tantras del yoga supremo y los tantras del dsogchen y es considerado el lugar de nacimiento de Padmasambhava.
2. ཨ : Chögyal Namkhai Norbu describe prácticas que emplean la sílaba tibetana ཨ en el capítulo segundo de este libro.
3. Condiciones secundarias: La manera en la que las condiciones primarias, o semillas kármicas, se relacionan con las condiciones secundarias para manifestar un sueño que parece ser profético tal y como se explica en el ejemplo que sigue a continuación.

   A causa de errores cometidos en esta o anteriores vidas, la mayoría de individuos tienen deudas. Estas deudas son potencialidades kármicas que pueden dar lugar a heridas o a la muerte cuando tienen que pagarse.

En nuestro ejemplo un practicante de meditación que ha llevado una vida virtuosa lleva su coche al garaje para que le repasen los frenos. Ni él ni el mecánico se acuerdan que en una vida previa él produjo heridas al mecánico.

Debido a la fuerza de las semillas kármicas, el mecánico no consigue arreglar los frenos completamente. Cuando el practicante se pone al volante del coche se da cuenta de una pérdida de presión en los frenos. Debido a su práctica de meditación, normalmente recuerda sus sueños con viveza y en la noche anterior soñó que tenía un accidente de circulación debido a un fallo en los frenos del vehículo. Al día siguiente vuelve al garaje y por medio de un examen más minucioso se descubre la avería antes de producirse el accidente.

En nuestra historia, tanto la sutileza de notar la disminución de la presión de los frenos como la experiencia individual de recordar los sueños son condiciones generales que ayudan a que el sueño de lo que podría ocurrir se manifieste. En el caso de un practicante de meditación muy avanzado, las condiciones secundarias pueden caer en el terreno de lo que ordinariamente se consideraría milagroso.

4. *Shitro* o *Kar gling zhi tro*, una *terma* de Karma Lingpa: La práctica de las cincuenta y ocho deidades airadas y las cuarenta y dos apacibles que pueden manifestarse como visiones durante el *choñi bardo*. *Shitro,* que se asocia con el proceso de morir, trae claridad a quienes lo practican y les prepara para superar obstáculos a la hora de la muerte. También lo pueden practicar las personas vivas para el beneficio de alguien recientemente fallecido. En realidad existen seis bardos o "estados intermedios" que se corresponden con las experiencias que van desde la muerte hasta el renacer, e incluyen las experiencias que siguen a la muerte, todas ellas están descritas en la *Terma Shitro*.
5. Visión kármica: Según la teoría budista del karma, nuestra propia percepción es el resultado de acciones previas que nos llevan a encarnar en un reino donde existe un "realidad" compartida. De hecho, el mismo entorno puede ser percibido de forma diferente según sea nuestra "visión". Según el ejemplo budista clásico, un río que puede ser considerado por un ser humano como algo refrescante puede ser percibido como un torrente de lava incandescente por un ser de los avernos mientras que para un pez es considerado su medio habitual.
6. Cuerpo ilusorio: el cuerpo que se desarrolla por medio de la práctica de uno de los Seis Yogas de Naropa.

7. Los Seis Yogas de Naropa: Estos yogas fueron compilados por Naropa, un mahasida de la tradición kaguiupa que contiene: el Yoga del Tumo (calor interno), el Yoga del Cuerpo Máyico o Ilusorio, el Yoga del Milam (sueños), el Yoga de la Luz, el Yoga del Bardo y el Yoga del Poua (transferencia de la consciencia).
8. *Gyalpo:* Una poderosa clase de seres que cuando son provocados producen obstáculos como enfermedades. Chögyal Namkhai Norbu menciona que este tipo de seres pueden crear confusión dentro de los sueños.
9. *Nyen:* Pertenecientes a las ocho clases de seres poderosos entre los que se incluyen los *masang, theurang*, etc.
10. Kapala: Contenedor ritual a menudo hecho de un cráneo humano. La kapala es un objeto ritual del tantra del yoga supremo (Anutaratantra). Representa la compasión, puesto que la sangre de todos los seres es lo que se contiene simbólicamente en ella.
11. Veinticinco discípulos de Padmasambhava: Los discípulos principales del gran maestro Padmasambhava durante la época que enseñó darma en Tíbet. Cada uno de ellos tomó el compromiso de renacer como ser humano para descubrir termas para el beneficio de los futuros practicantes. Es importante saber que no todas las termas provienen de Padmasambhava, algunas provienen de Vimalamitra.
12. *Chorten* (Sánscr.: estupa): Monumento cuyo diseño refleja los estadios del camino a la Iluminación. El interior del *chorten* está a menudo repleto de reliquias religiosas.
13. *Garuda* (Tib.: *thyung*): Pájaro mítico parecido al águila. En Tíbet la *garuda* representa el elemento fuego. También es la manifestación del rayo. La *garuda* subyuga a los *nagas* (seres en forma de serpiente). La *garuda* se invoca especialmente para curar enfermedades provocadas por los *nagas*, como las de la piel y algunos tipos de cáncer. En la tradición hindú la *garuda* tiene medio cuerpo humano y medio cuerpo de pájaro también es el vehículo de la deidad Vishnú. La *garuda* esta relacionado con el Pájaro del Trueno o el Pájaro de Fuego de otras mitologías.
14. Monte Kailash: Localizado en Tíbet occidental, es la montaña más sagrada para los budistas tibetanos. Es considerada la manifestación arquetípica de la sagrada montaña que se encuentra en el centro del mundo. También es especialmente sagrada para los *bönpo*, hindúes y jainistas.

10. El Buda al Alcance de tu Mano

Este texto del camino dsogchen no ha sido traducido previamente. El autor, el gran maestro de meditación ñingma Mipham Rimpoché (1846-1914), ha intentado señalar la "verdadera naturaleza de la mente".

Las Instrucciones Esenciales de la Mente:
El Buda al alcance de tu mano

I.

Me inclino ante Padmasambhava.
Y ante el glorioso lama que es la emanación de Manyusri[1],
el ser de sabiduría [semejante] a todos los budas y sus hijos.
A quienes deseen (aprender) la meditación (sobre)
el reconocimiento del verdadero significado de la mente,
explicaré brevemente, el camino inicial
de las instrucciones básicas[2].
Al inicio es necesario confiar en las instrucciones esenciales
de un lama que (tenga) la experiencia de los logros espirituales.
Si no se entra (en la experiencia de) las instrucciones del lama,
todos los esfuerzos y perseverancias en la
meditación son como disparar una flecha en la oscuridad.
Por ello, renuncia a todas las opiniones corruptas y artificiales
acerca de la meditación.
La instrucción (fundamental) es emplazar (la atención)
en el estado no creado y establecido en sí mismo;
el rostro de la sabiduría desnuda que está separada de la
cáscara de la mente (es decir, lo que identifica las cosas).

Al reconocer (esta sabiduría), se alcanza el punto esencial.
El término "morar desde el principio"
es el estado natural que no ha sido creado[3].
Al desarrollar una convicción interior de que
todas las apariencias son la esencia del
darmakaya[4], no rechaces (este conocimiento).
(Dejarse arrastrar) en explicaciones intelectuales (sobre
el camino) es como tratar de tocar un arco iris.
Cuando surgen experiencias en la meditación
como (producto) de la atención en el gran estado no creado,
no es por medio de un foco externo, (sino más bien)
por mantener la no-actividad[5].
Es sorprendente cómo puede alcanzarse este conocimiento.

II.

En el momento afortunado de (alcanzar) el estado intermedio,
(se) mantiene continuamente el estado sin oscilaciones
al recordar el estado antes establecido de "la mente misma".
Sólo emplazarse en este estado es suficiente.
La mente no creada no es más que esto.
(Si se obstruye) por el surgir de las nubes de análisis mentales
(que crean) una distinción entre el sujeto y el objeto
de meditación, entonces (recuerda) la naturaleza de la mente
que desde el principio no ha sido fabricada, "la mente misma"
tan vasta como el espacio.
Al relajar, libera la rigidez y disipa el
aferramiento a (esos conceptos).
El conocimiento que se establece en sí mismo no son
los pensamientos que fluyen en varias direcciones.
Es la vacuidad clara y radiante que está separada
de todas las adhesiones mentales.
(Este estado) no puede ser descrito con
ejemplos, símbolos o palabras.
Se percibe directamente el discernimiento (último)
con la sabiduría discriminativa.
El estado del gran discernimiento imparcial
y vacío no se ha movido, no se mueve ni se moverá.

(Es) nuestro propio rostro el que está
oscurecido por las manchas de conceptos imprevistos;
¡Qué triste!
¿Qué se puede obtener de correr detrás de un espejismo?
¿Cuál es el propósito de seguir estos sueños diversos?
Por inumerables conceptos uno vuelve la cabeza.
Deja de lado este agotador sin sentido y
relájate en la esfera primordial.
El auténtico paraíso es (conocer) que
samsara y nirvana son sólo un escenario ilusorio.
Aunque existan escenarios tan distintos,
obsérvalos con un sólo sabor.
Al intimar con la meditación se puede recordar de inmediato
el discernimiento como-el-espacio; que es desnudo,
autoestablecido, discernimiento vivo libre de conceptos.
(La mente natural) carece de conocer ni de no conocer;
felicidad o angustia.
El gozo brota de (este) estado totalmente relajado.
En este momento al ir o al estar, al comer o al dormir
se permanece continuamente centrado
con ese estado, y todo se convierte en camino.
(Así) el significado de la atención es
el discernimiento similar al espacio.
(E incluso) en el periodo después de la meditación (formal)
los conceptos se reducen en gran medida.

III.

En el momento afortunado del estado final,
en relación con las cuatro ocasiones (de ir, estar, comer y dormir)[6]
las impresiones habituales, de las que surgen todos los conceptos,
y los vientos kármicos de la mente se transforman.
(Se) posee la capacidad de relajarse en
la ciudad de la sabiduría innata e inamovible.
Lo que se llama samsara[7] es un simple concepto.
La gran sabiduría está libre de todos los conceptos.
En este momento, todo lo que aparece se manifiesta
como la total perfección.

El estado de gran luz clara es continuo día y noche.
Está separado de los límites entre recordar y no recordar,
y de desviarse de su propia morada al recordar lo esencial
que lo abarca todo.
En ese momento no se consigue nada con esfuerzo.
Sin excepción, las cualidades de los caminos y las bases:
la clarividencia, la compasión y las otras surgen espontáneamente[8].
Creciendo como la hierba fresca en verano.
Libre de aprensión y presunción;
al margen de la esperanza y el miedo.
Es la gran felicidad que no ha nacido ni se acaba,
expandiéndose en el cielo.
Este gran yoga es (como) el juguetón *garuda*
en el espacio imparcial de la Gran Perfección.
¡Qué maravilla!
Habiendo confiado en las instrucciones esenciales
de un maestro.
La forma de manifestar esta sabiduría, la esencia del corazón,
es conseguir las dos acumulaciones (de mérito y sabiduría)[9]
en el amplio camino como el océano.
Y después, sin dificultad (los logros) serán situados
en la palma de tu mano.
¡Increíble!
Así pues, ojalá por la virtud de esta explicación, todos los seres
sean capaces de ver al joven Manyusri, que es la actividad
compasiva de nuestras propias consciencias:
el maestro supremo y la esencia diamantina
(la luz clara Dsogpa Chenpo).
Habiéndolo percibido en esta misma vida,
ojalá podamos alcanzar la Iluminación perfecta.

Compuesto por Mipham Jamyang Dorye Rimpoché[10].

Traducido por Kempo Palden Sherab, Kempo Tsewong Dongyal, Deborath Lockwood y Michael Katz.

Notas

1. Manyusri: el bodisatva de la sabiduría. De acuerdo a la mitología budista, Manyusri fue en una reencarnación previa el rey Amba, que se comprometió a ser un bodisatva para el beneficio de todos los seres conscientes.
2. Instrucción básica: Las instrucciones de corazón del lama. Instrucciones esenciales condensadas para la meditación presentadas por el lama a sus discípulos más queridos.
3. Estado no creado: El discernimiento que surge en el instante de percepción; presencia pura que emana sin corrección, y que no es creada por causas. Para información adicional, ver *The Cycle of Day and Night* por Chögyal Namkhai Norbu.
4. Dharmakaya: Darma significa "toda la existencia"; kaya significa "la dimensión de eso". El territorio esencial del ser cuya esencia es la claridad y la luminosidad en la cual todos los fenómenos son percibidos como siendo vacios de existencia inherente.
5. Experiencias de meditación que surgen sin actividad: La meditación dsogchen no es conceptual, sólo se logra por el reconocimiento sin esfuerzo de la naturaleza incondicionada propia. La actividad o el esfuerzo para lograr la meditación son contrarios a la presencia relajada de la práctica del dsogchen.
6. El ir, estar, comer o dormir: Las cuatro actividades que se incluyen con las que el practicante de dsogchen trata de mantener el discernimiento.
7. Samsara: Existencia cíclica marcada por el nacer, la vejez, la enfermedad, la muerte y el renacer. Gobernada por el deseo, el odio y la ignorancia, los seres continúan migrando a través de los seis reinos del samsara (el reino de los dioses, semidioses, humanos, animales, espíritus hambrientos, y seres de los avernos) según su karma.
8. Cualidades espontáneas: Como consecuencia natural de la meditación dsogchen, los practicantes avanzados pueden desarrollar cualidades trascendentes como gran sabiduría, compasión, clarividencia, etc.
9. Las dos acumulaciones: La acumulación de mérito por medio de buenas acciones y la acumulación de sabiduría por medio de la contemplación. Aunque las dos son importantes en el camino del darma, el Buda afirmó que si alguien podía mantener el estado de contemplación (la acumulación de sabiduría) durante el tiempo que una hormiga necesita para ir desde la punta de la nariz hasta la frente, esto sería más beneficioso que una vida de acumulación de buenos méritos por medio de la práctica de acciones virtuosas y la generosidad.

10. Mipham Rimpoché: El famoso y erudito maestro budista tibetano del siglo XIX, originalmente discípulo de Patrul Rimpoché, Mipham, que escribió comentarios originales al dsogchen y a otras escrituras budistas importantes.

11. Una Breve Biografía de Chögyal Namkhai Norbu

Chögyal Namkhai Norbu nació en Tíbet oriental, el octavo día del décimo mes del año del tigre de tierra (1938). Su padre era miembro de una noble familia y esporádicamente oficial del gobierno.

Cuando tenía dos años fue reconocido por dos maestros de meditación como la reencarnación de Adsom Drugpa. Adsom Drugpa, uno de los grandes maestros de dsogchen de principios de este siglo, fue discípulo del primer Khyentse Rimpoché y de Patrul Rimpoché. Estos dos prestigiosos maestros eran líderes del movimiento no sectario Rimed del siglo XIX que surgió en Tíbet oriental. Adsom Drugpa se convirtió en un *tertön* o descubridor de textos, tesoros escondidos, habiendo tenido visiones directas del incomparable Jigmed Lingpa (1730-1798) cuando tenía 30 años. Adzom Drugpa finalmente se convirtió en maestro de muchos maestros contemporáneos de dsogchen. Entre ellos estaba el tío paterno de Chögyal Namkhai Norbu, Togden Ogyen Tendzin, que se convirtió en su primer maestro de dsogchen.

Cuando tenía ocho años fue también reconocido, por el decimosexto Karmapa y por el entonces Situ Rimpoché, de ser la reencarnación del prestigioso maestro de la escuela Drugpa Kaguyu Ngawang Namgyal (1594-1651), el fundador histórico del estado de Bután.

Desde los ocho años hasta los catorce, Chögyal Namkhai Norbu atendió la universidad monástica, hizo retiros, y estudió con afamados maestros como la maestra Ayu Khandro (1838-1953). Entonces ella ya tenía ciento trece años y había permanecido en un retiro a oscuras durante cincuenta y seis años. Chögyal Namkhai Norbu recibió numerosas transmisiones de ella que luego practicó en retiros intensos.

En 1954 fue invitado a visitar la República Popular China como representante de los jóvenes tibetanos. Desde 1954 fue profesor de lengua tibetana en la Universidad del Sureste para las Nacionalidades Minoritarias de Chengdu, Sichuan, China. Durante su permanencia en China adquirió dominio en los idiomas chino y mongol.

Cuando tuvo diecisiete años, volviendo a su casa de Derge, después de haber tenido un sueño profetizador, Chögyal Namkhai Norbu se encontró con su maestro raíz, Changchub Dorye, que vivía en un remoto valle situado al este. Changchub Dorye Rimpoché, un médico en activo, dirigía una comunidad de practicantes laicos, yoguis y yoguinis. De este maestro, Chögyal Namkhai Norbu recibió más iniciaciones y transmisiones de las enseñanzas esenciales de dsogchen. Y lo más importante, este maestro le introdujo directamente a la experiencia de dsogchen. Permaneció con él durante un año, a menudo asistiendo a Changchub Dorye Rimpoché en su práctica médica y le sirvió como escribano y secretario.

Después de esto Chögyal Namkhai Norbu inició un prolongado peregrinaje por Tíbet Central, Nepal, India y Bután. De vuelta a Derge, su tierra natal, descubrió que las deterioradas condiciones políticas habían hecho surgir acontecimientos violentos. En su viaje, por Tíbet Central, llegó finalmente a Sikkim. De 1958 a 1960 vivió en Gangtok, Sikkim, empleado como autor y editor de libros de textos en tibetano de la Development Office del Gobierno de Sikkim. En 1960, cuando tenía veintidós años, y debido a una invitación del profesor Giuseppe Tucci, viajó a Italia quedándose en Roma durante varios años.

Desde 1964, Chögyal Namkhai Norbu ha sido profesor en el Instituto Oriente de la Universidad de Nápoles donde enseña lengua tibetana y mongol, así como historia de la cultura tibetana. Ha realizado extensas investigaciones de los orígenes históricos de la cultura tibetana, analizando fuentes literarias poco conocidas de la tradición *bönpo*. En 1983, Chögyal Namkhai Norbu patrocinó el primer Congreso Internacional de Medicina Tibetana, que tuvo lugar en Venecia, Italia. Durante los últimos veinticinco años ha dirigido informalmente enseñanzas en retiros realizados en varios países.

Durante estos retiros, ha dado instrucciones prácticas en dsogchen de una manera no sectaria, además de enseñar aspectos de la cultura tibetana, en especial el yoga del tantra, la medicina tibetana y la astrología. Chögyal Namkhai Norbu es también autor de más de diez libros de meditación dsogchen, entre los que se incluyen *The Crystal and the Way of Light* y *The Cycle of Day and Night*.

La información anterior fue principalmente extraída por John Reynolds de una biografía en tibetano que fue revisada por el editor.

Bibliografía

Artemidorus, D. *Oneirocritica*. Park Ridge, NJ: Noyes Press, 1975.
Boss, M. *The Analysis of Dreams*. New York: Philosophical Library, 1958.
Castaneda, C. *Journey to Ixtlan*. New York: Simon & Schuster, 1972.
The Teachings of Don Juan. New York: Simon & Schuster, 1968.
Craig, R.E. *The Realness of Dreams*. En R. Russo, ed., *Dreams Are Wiser Than Men*. Berkeley: North Atlantic Books, 1987.
Da Liu. *Tai Chi Chuan and Meditation*. New York: Schocken Books, 1986.

Eliade, M. *Shamanism: Archaic Techniques of Ecstasy*. London: Routledge & Kegan Paul, 1970.
Leakey, R. & Lewin, R. *People of the Lake*. New York: Avon, 1979.
Faraday, A. *The Dream Game*. New York: Harper & Row, 1974.
Dream Power. New York. Berkley Medallion Books, 1973.
Fossage, J. L., Clemens, & Loew, eds. *Dream Interpretation: A Comprehensive Study*, Revised. New York: P.M.A., 1987.
Freud, S. *The Interpretation of Dreams*. New York: Avon Books, 1965.
"Introductory Lectures on Psychoanalysis". *In The Complete Psychological Works of Sigmund Freud*. Standard edition. New York: Hogarth Press, 1916.
Gampopa. *The Jewel Ornament of Liberation*. Trad. Herbert Guenther. Berkeley: Shambhala, 1981.
Garfield, R. *Creative Dreaming*. New York: Ballantine, 1974.
Gendlin, E. *Let Your Body Interpret Your Dreams*. Wilmette: Chiron Publishers, 1986.
Grant, J. *Dreamers*. Bath: Ashgrove Press, 1984.
Grossinger, R. "The Dream Work". In R. Russo, ed., *Dreams Are Wiser Than Men*. Berkeley: North Atlantic Books, 1987.
Gyaltrul. *Ancient Wisdom*. trad. B. Alan Wallace y Sangye Khandro. Ithaca: Snow Lion Publications, 1993.
Hall, C. & Lind, R. *Dream Life and Literature: A study of Franz Kafka*. Chapel Hill: University of North Carolina Press, 1970.
Hobson, J.A. *The Dreaming Brain*. New York: Basic Books, 1988.
Jung, C. *Memories, Dreams and Reflections*. London: Routledge & Kegan Paul, 1963.

Kelzer, K. "The Sun and the Shadow". In R. Russo, ed. *Dreams are Wiser than Men*. Berkeley: North Atlantic Books, 1987.
Kongtrul, Jamgon. *La Antorcha de la Certitud*. Barcelona: Samye Dzong.
LaBerge, S. *Lucid Dreaming*. New York: Ballantine Books, 1986.
Lama Lodö. *Bardo Teachings*. Ithaca: Snow Lion Publications, 1987.
Leakey, R. &Lewin, R. *People of the Lake*. New York: Avon,1979
Lincoln, J. *The Dream in Primitive Cultures*. Baltimore: Williams & Wilkins, 1935.
Loewe, M. & Blacker, C. *Oracles and Divination*. Boulder: Shambhala, 1981.
Mass, C. Scott. *The Hypnotic Invention of Dreams*. New York: Wiley, 1967.
McGuire, J. *Night and Day*. New York: Simon & Schuster, 1989.
Mindell, A. *Dreambody*. Boston: Sigo Press, 1982.
Working with the Dream Body. London: Routledge and Kegan Paul, 1985.
Norbu, Chögyal Namkhai. *The Crystal and the Way of Light*. John Shane, ed. Ithaca: Snow Lion Publications, 2000.
The Cycle of Day an Night. John Reynolds, ed. Barrytown: Station Hill Press, 1984.
The Little Song of Do as You Please. Arcidosso, Italy: Shang Shung Editions, 1986.
Yantra Yoga. Oliver Leick, ed. Gleisdorf, Austria: Edition Tsaparang, 1988.
The Practice of Phowa. Adriano Clemente, ed. Arcidosso, Italy: Shang Shung Editions, 2000.
Ouspensky, RD. *The Fourth Way*. New York: Vintage Books, 1971.
Perls, F. *In and Out of the Garbage Pail*. Moab, Utah: Real People Press, 1969.
Reynolds, John. *Self-Liberation Through Seeing with Naked Awareness*. Ithaca: Snow Lion Publications, 2000.
Saint Denys, H. *Dreams and How to Guide Them*. London, Duckworth, 1982.
Stewart, K. "Dream Theory in Malaya". In C.Tart, ed., *Altered States of Consciousness*. New York: Doubleday, 1971.
Su Santidad el Dalai Lama, ed. Varela, Francisco. *Sueños, Muerte y Bardo*. Palma de Mallorca: Olañeta Editores, 1998.
Sutton, R., ed. *Dreaming, the Art of Aboriginal Australia*. New York: George Braziller & The Asia Society Galleries Publications, 1988.
Tart, Charles, ed. *Altered States of Consciousness*. New York, Wiley Publishers, 1969.
Tulku, T. *Openness Mind*. Berkeley: Dharma Publishing, 1978.
Wangyal, Tenzin. *The Tibetan Yogas of Dream and Sleep*. Ithaca: Snow Lion Publications, 1998.

EDICIONES DHARMA pertenece a la
Fundación para Preservar la Tradición Mahayana

Si desea recibir información sobre nuestro fondo editorial o sobre nuestras publicaciones futuras puede solicitarla a:

EDICIONES DHARMA
Apdo. 218
03660 Novelda (Alicante)
http: www.edicionesdharma.com
E-mail: pedidos@edicionesdharma.com